Marcelo Antonio Sobrevila

INGENIERIA GENERAL

Destinado a:

Empresarios, dirigentes y ejecutivos de empresa.
Abogados, economistas y otras profesiones que trabajan con ingenieros.
Aspirantes a ingresar a las universidades.
Estudiantes de ingeniería en etapa de formar su personalidad profesional.
Profesores que ejercen en escuelas de ingeniería
Estudiosos de la orientación vocacional

1ra. Edición - 2001

LIBRERIA Y EDITORIAL ALSINA

**Paraná 137 - (C1017AAC) Buenos Aires
Telefax (054)(011) 4373-2942 y (054)(011) 4371-9309
ARGENTINA**

Diseño de Tapa, diagramación, gráficas y armado de interior:
Pedro Claudio Rodríguez
    Telefax (054) (011) 4372-3336
    Celular   (15) 4444-9236

I.S.B.N 978-950-553-245-2

CONTENIDO

Contenido

CAPITULO 2 LOS MEDIOS DE LA INGENIERIA

CAPITULO 3 LAS HERAMIENTAS DE LA INGENIERIA

CAPITULO 4 EL ESTUDIO DE LA INGENIERIA

CAPITULO 5 LAS INGENIERIAS MAS CONSOLIDADAS

Agradecimiento:
El autor agradece a la empresa Techint Argentina S.A. por haberle faci-litado las fotografías de este libro.

Los dibujos originales han sido realizados por el autor.

Tapa:
La fotografía de tapa corresponde a las obras de ampliación de la central termoeléctrica "Puerto", en Buenos Aires, Argentina.

6

A mi esposa y mis hijos

PROLOGO

Desde que José Ortega y Gasset[11] [12] sentenció: "el hombre es el ser para el cual lo superfluo es necesario", mucho se avanzó sobre la idea que la ingeniería forma parte de ese "superfluo necesario".

Hoy, para tomar un ejemplo, la humanidad no podría vivir sin la energía eléctrica, un típico producto de la ingeniería. Imaginemos en una fantasía intelectual que todos los ingenieros del mundo en un rapto de locura, detuviesen la marcha y cerrasen con siete llaves todas las centrales generadoras de energía eléctrica del planeta. Las térmicas, hidráulicas, nucleares, eólicas y toda otra. Acto seguido, se marchasen a sus casas por tan solo 72 horas. La humanidad entraría en un caos total. Faltaría la iluminación en calles, casas y todo tipo de local. No se tendría agua potable para beber e higienizarse. Se paralizarían totalmente los hospitales. No funcionarían los asensores de todo tipo. No se podría cargar combustible en los vehículos por no funcionar los surtidores. No funcionarían los trenes de superficie y subterráneos por carencia de energía eléctrica y señales luminosas. Pararían todas las industrias y destilerías de petróleo. Sería imposible el tránsito por falta de semáforos. No habría actividad alguna en aeropuertos y puertos. Quedarían fuera de servicio todos los sistemas telefónicos y no habría forma de comunicarse. Los satélites no servirían para nada. Todas las computadoras y las redes de internet quedarían fuera de servicio. El comercio no podría trabajar. Las obras se paralizarían. Los sistemas de aire acondicionado y calefacción no podrían dar comodidad y así una interminable cantidad de actividades esenciales del mundo civilizado. Solo algunas pequeñas comunidades muy primitivas o apartadas, no percibirían estos efectos.

Pero esta ficción recién relatada de una humanidad sin energía eléctrica, no es una fantasía. Ocurió algo parecido en la ciudad de New York el 13 de julio de 1977, como se explican los aspectos técnicos en el capítulo 12 de una excelente obra escrita por Olle Ingemar Elgerd[19]. Poco tiempo después, ocurrió algo semejante en la ciudad de Buenos Aires en ese mismo año. En febrero de 1999 otra vez Buenos Aires Buenos Aires, por incendio en un cable alimentador a un barrio, tuvo a mas de un millón de personas sin energía eléctrica por un lapso inadecuadamente largo.

Un atisbo de la importancia de la ingeniería lo percibimos cuando montamos en cólera, si al accionar el modestísimo interruptor del velador de la mesita de nuestro dormitorio a media noche, la luz no se enciende inmediatamente, al instante. El sistema eléctrico debe estar atento día y noche a nuestras órdenes, como un duende escondido en cada habitación de nuestras casas, y solo tomamos conciencia de su importancia, cuando falta. Lo mismo pasa cuando llegamos a nuestras casas cansados, deseosos de una ducha y nos anuncian que no hay agua en el sistema. Ni que hablar, cuando descolgamos el teléfono y la línea esta sin tono de llamar.

La ingeniería se ha incorporado, suave y sostenidamente a la sociedad actual, y los ingenieros -que son los que crean y operan la ingeniería- se han constituido en profesionales indispensables. Los ingenieros son hoy los que hacen funcionar los paises.

Marcelo Antonio Sobrevila

Los empresarios, dirigentes y ejecutivos de empresas

La ingeniería ha penetrado -en mayor o menor medida- en la vida empresaria. Sea porque el negocio principal de la misma empresa es la producción de bienes industriales o servicios técnicos, sea porque la ingeniería es empleada como elemento de soporte, o porque también es importante debido a que los clientes son ingenieros o emplean los productos de la propia producción.

Esta circunstancia obliga a muchos empresarios, dirigentes y ejecutivos que no son ingenieros de profesión, a penetrar en diversos aspectos de la ingeniería sin pretender por ello dominarla. Necesitan tener una visión panorámica de lo que hacen sus ingenieros, de la esencia misma de lo que ocurre en su empresa y para comprender a sus clientes y al mercado que atienden.

Los abogados, economistas y otros profesionales que trabajan con ingenieros

En el actual mundo integrado de las empresas -donde actúa la gran mayoría de los ingenieros- se trabaja en forma de equipos multidisciplinarios. Las empresas de producción, de obras y de servicios forman un sistema totalmente armónico de componentes individuales. Si bien cada uno cubre su área de competencias, las vinculaciones entre diferentes áreas, secciones, departamentos, gerencias y sectores, son absolutamente naturales y corrientes.

Esto obliga a que los ingenieros tengan -desde hace mucho- en sus planes de estudio asignaturas del derecho y la economía, como cosa natural. La inversa debe ser cierta y los abogados, economistas y otras profesiones intelectuales, deben conocer la función del ingeniero y de la ingeniería como disciplina del pensamiento.

Los aspirantes a ingresar en las universidades

Un jóven que concluye sus estudios preuniversitarios -en Argentina, actualmente el Polimodal, antiguamente el nivel secundario- y está decidido a continuar una carrera en el nivel universitario, puede necesitar información para poder tomar una decisión acertada. La oferta educativa universitaria es de amplio espectro y debe ubicar cuidadosamente sus vocaciones y sus intereses, dentro de esa oferta.

El primer dilema está entre elegir la ingeniería u otra profesión intelectual. Si sus vocaciones ya están definidas por la ingeniería, el segundo dilema es decidir cual de las ingenierías es la de su predilección. Además, se interesará por conocer que tareas hará cuando sea ingeniero, que estilo de vida lo acompañará, y cuales serán sus ámbitos de trabajo.

Los estudiantes de ingeniería en etapa de formar su personalidad profesional

El jóven que ingresa en el primer año de una carrera de ingeniería, por lo regular, debe consolidar muchas de sus ideas y revisar otras. El universo de la ingeniería moderna es muy vasto, pero, además, en estado de continuo cambio. Esto puede ocasionar diversas dudas.

Desde el principio de sus estudios, un estudiante de ingeniería debe procurar formar y consolidar su personalidad profesional. Debe habituarse a pensar como ingeniero. Esto es necesario en virtud de que en los primeros tramos de su carrera, en razón de que necesita aprender bastante de ciencias fisicomatemáticas, puede tener confusiones. En vez de formar una personalidad ingenieril, puede comenzar a perfilarse una personalidad científica.

Los profesores que ejercen en las escuelas de ingeniería

Los hábitos universitarios -consolidados por la libertad de cátedra- suelen aislar a muchos buenos profesores en el universo de su disciplina. Sin embargo, la correlación entre las enseñanzas de una cátedra con el conjunto todo, debe ser un imperativo que conduzca a un conjunto lo más armónico posible. La libertad de cátedra inculca disciplinas sueltas, dejando al alumno la difícil tarea de relacionarlas entre sí.

Muchos profesores universitarios que no son ingenieros, pero deben enseñar disciplinas necesarias a la ingeniería, pueden requerir una visión panorámica de la misma para mejor integrarse con sus colegas. Deben asimismo colaborar en la formación de la personalidad profesional, para lo cual es absolutamente necesario conozcan con gran claridad, que es y que hace un ingeniero profesional en la vida.

Los estudiosos de la orientación vocacional

En el campo de las ciencias de la educación, la orientación vocacional es una rama de gran importancia. Un servicio de orientación vocacional universitario debe servirse de una variada gama de informaciónes, para mejor aconsejar a los consultantes.

Es bastante frecuente que en esos servicios falte información sobre como es la vida profesional de un ingeniero. Suele confundirse a un ingeniero con un científico, o en el mejor de los casos, con un inventor. En el momento actual, el ingeniero puede cubrir un amplio campo de actividades en las sociedades modernas y su estilo de vida no es precisamente, el de una persona de laboratorio.

Por estas seis razones, se ha escrito este libro.

El autor

14

ADAPTACION AL LECTOR

Explicar la ingeniería a los destinatarios de esta obra, presenta una diicultad manifiesta. Se trata de personas que -salvo los profesores de las ciencias fisicomatemáticas- por sus actividades no requieren demasiado el auxilio de esas ciencias y por lo tanto, su equipamiento de las mismas es suficente para ellos, pero nó para la ingeniería. En general, esos profesionales resuelven sus problemas con el caudal de conocimientos entregados por la escuela media en la actualidad y en un futuro cercano, por la Educación General Básica más el Polimodal.

Como la ingeniería emplea intensamente a la física, la química y a la matemática, se hace dificultoso explicarla sin su auxilio. Por esta causa, en este libro hubo que echar mano a otros artilurgios al tener que prescindir de las herramientas científicas y se ha procurado emplear al mínimo conocimientos de las mismas, aprovechando solo los que -culturalmente hablando- tiene toda persona que llega a la universidad en cualquier país.

Por esta causa se han omitido expresamente demostraciones que requieran la matemática y sus teoremas. También se han evitado citas acerca de asuntos científicos que integran los contenidos de la física o la química. Este vacío de bases se ha resuelto mediante explicaciones basadas en conocimientos de la educación preuniversitaria solamente. Además, se ha procurado expresar muchas ideas sobre la base de figuras que permitan una formación por la vía intuitiva.

Por todas estas causas, para la exposición de asuntos verdaderamente profundos, hemos debido acudir a semejanzas o explicaciones sencillas, basadas más en la lógica y el sentido común de toda persona adulta y las experiencias que la vida diaria nos aporta a todos sobre ciertos fenómenos naturales que ocurren en nuestro derredor.

Marcelo Antonio Sobrevila es un ingeniero Mecánico y Electricista argentino, nacido el 8 de julio de 1922 en Buenos Aires y graduado en 1948 en la Universidad Nacional de La Plata, Argentina.

Hijo de una familia humilde, cursó sus grados primarios en una escuela pública argentina de Buenos Aires y sus estudios secundarios los cumplió en la excelente escuela industrial de la nación "Otto Krause", obteniendo título de Electrotécnico. Ingresó a la Universidad Nacional de La Plata, Argentina, modelo de sistema universitario de alta calidad para su tiempo, en 1943, cuya escuela de ingeniería eléctrica fundó el doctor ingeniero alemán Conrado Simons en 1924. Pudo así ser discípulo de brillantes maestros como los doctores Ramón Loyarte, Enrique Loedel, Richard Gans, y los ingenieros Arturo Guzmán, Enrique Humet, Julio Castiñeiras, Juan Sábato y Eduardo Arnaboldi, entre otros. Las bases de la ingeniería eléctrica las adquirió del maestro ingeniero Miguel Simonoff, el prestigioso profesor que dio estructura definitiva a la enseñanza de la ingeniería eléctrica en Argentina, aportando al pais su densa trayectoria adquirida en la rigurosa escuela europea. El ingeniero Sobrevila hizo su carrera universitaria de ingeniería atendiendo simultaneamente una ocupación laboral técnica, situacion ésta que le permitió conocer desde temprana edad, todo lo relacionado con la ingeniería y vivirla intensamente comenzando su actuación en posiciones muy modestas, compartiendo con el mundo obrero sus vivencias.

Graduado como profesional de la ingeniería se desempeñó en empresas de envergadura. Primeramente, en funciones muy variadas dentro de un grupo empresario internacional argentino diversificado, pasando por una amplia gama de responsabilidades. Luego prestó servicios en una consultora internacional y finalmente, en una importante consultora argentina. Cooperó en todos los casos cumpliendo tareas dentro de proyectos y dirección de obra de grandes emprendimientos argentinos. Incursionó también durante estas etapas, en asuntos comerciales, gerenciales y administrativos que le otorgaron una visión amplia.

Su vocación por la educación hizo que simultaneamente con sus labores de ingeniero, practicase la docencia universitaria con dedicación parcial. Por concursos de oposición ocupó todos los cargos de la carrera docente, desde simple ayudante hasta profesor titular, en las universiades nacionales de La Plata, Tecnológica y de Buenos Aires y en las privadas Instituto Tecnológico de Buenos Aires y Universidad de Belgrano. También se desempeñó como rector en la Universidad Tecnológica Nacional y ya retirado de la profesión de ingeniero, como decano en la Facultad de Ingeniería de la Universidad de Belgrano. También fue profesor de la Escuela Naval Militar. Escribió varios libros de texto para los estudiantes, numerosos apuntes de clase y mas de 80 artículos en revistas especializadas. Incursionó en la investigación con trabajos publicados en las ciencias de la educación técnica.

Recibió en Washington, en 1991, el premio internacional "Vector de oro" de la Unión Panamericana de Asociaciones de Ingenieros, por su trayectoria profesional y educativa, y en 1998 lo premió el Centro Argentino de Ingenieros por su trabajo presentado al 4º Congreso de Políticas de la Ingeniería. En 1957 ganó una beca de la UNESCO para estudiar en 9 paises extranjeros. Frecuentó muchos congresos nacionales e internacionales, presentando trabajos publicados.

Actualmente es académico, ocupando el sitial "Bartolomé Mitre" en calidad de Miembro de Número en la Academia Nacional de Educación de Argentina. Asimismo, en su condición de ex decano, integra el Consejo Federal de Decanos de Ingeniería, y también es vicepresidente de la Comisión de Enseñanza del Centro Argentino de Ingenieros. Esta también volviendo a editar –actualizadas– varias de sus obras técnicas.

Lámina 1 *Trabajos de mantenimiento en planta siderúrgica SIDERCA*
Techint Argentina S.A. Buenos Aires, Argentina

20

CAPITULO 1

LA INGENIERIA EN EL MUNDO ACTUAL

Resúmen
En este Capítulo se revisa el protagonismo actual de la ingeniería a la vista de la situación internacional, en presencia de los fenómenos ocasionados por la irrupción de la informática en la vida humana.

Se hacen algunas citas sobre la cibercultura y la globalización, para observarlas desde el balcón de la ingeniería.

Se define a la ingeniería tal como en la actualidad debe verse, y también, al ejercicio profesional del ingeniero profesional moderno.

1.1. Mundo en transición. Cibercultura y globalización

Estamos en condiciones de sostener que nos encontramos transitando la *"Edad de la Ingeniería"*, tiempos que tienen estrecha relación con la aparición de la cibercultura y la globalización. Hay una interesante vinculación entre la ingeniería y la cibercultura. Esta afirmación podría resultar sorprendente para quien, apoltronado en el universo de las humanidades clásicas, ha visto a la ingeniería como una simple profesión tecnológica aislada en sí misma, una artesanía fina, un oficio de escaso componente intelectual y humanista. La ingeniería tiene, por otra parte, para quien esté ajeno a ella, un poco de sentido mágico debido a que atesora un fuerte componente científico no explícito. No es tan simple comprender esa cuota de misterio que encierran las turbinas de un avión; los circuitos integrados de una computadora; las redes de energía eléctrica de las ciudades; los sistemas de comunicaciones; las centrales nucleares; las fuerzas que soportan los esbeltos puentes y estructuras de los edificios; las máquinas automáticas de envasado y empaquetado; los robots que ensamblan automóviles. Todo al conjuro de inentendibles consolas con cifras en colores, luces pequeñas que titilan y botones que obedecen extrañas órdenes dadas por operadores entendidos. El ingreso de la ingeniería al mundo de la cultura, resistido todavía, se hace más razonable si nos preguntamos: *¿es hoy culta una persona que ignora porque se mantiene en el aire el avión en que está volando?. ¿O no comprende las bases electrónicas elementales de la técnica digital que está usando en su computadora?. ¿O ignora como se aplica el principio de conservación de la energía en el motor del automóvil que conduce?.* Una buena reflexión filosófica puede ser la de Héctor Delfor Mandrioni[20] para quien se interese por estudiar estas aristas.

1.1.1 Cibercultura

Con la caída del muro de Berlín, no solo la economía cambió. Dentro de esas turbulentas modificaciones emergió la cibercultura como un aporte más en la transformación sustancial de la forma de vivir, de aprender, de producir y de comerciar de casi toda la humanidad. Como todo concepto nuevo - todavía no asimilado y consolidado - la cibercultura merece alguna forma de definición. No es sencillo hacerlo, dado que aún no se ha escrito lo suficiente sobre ella, ni existe una bibliografía generosa en donde apoyarnos. No obstante, revisando los varios escritos sobre este tema publicados por Pierre Levy[4] [5] y Gordon Davies[6] podemos suministrar algunas ideas con criterio de divulgación:

**Cibercultura es una nueva relación
entre el hombre y el conocimiento**

Esta definición busca demostrar que el hombre, en la búsqueda del saber, sigue indagando nuevos caminos de encuentro que lo ilustren cada vez más en su continuo progreso. Dentro de esta nueva forma de pensar, trabajar es ahora también aprender, transmitir y producir conocimientos. A su vez, si de términos nuevos se trata, aparece asociado el concepto de ciberespacio, que podemos definir como:

**Ciberespacio es el soporte para
las tecnologías intelectuales**

Repasando someramente la forma en que el ser humano se relaciona con el conocimiento, debemos necesariamente reparar en ciertas funciones vitales del mismo. Veamos en forma de cuadro resúmen que sigue, las más relevantes funciones cognitivas del ser humano y su relación con la cibercultura

MEMORIA ▼
Bases de datos, hiperdocumentos, archivos numéricos
IMAGINACION ▼
Procesos de simulación
PERCEPCION ▼
Sensores numéricos, telepresencia, realidad virtual
RAZONAMIENTO ▼
Inteligencia artificial, modificación de fenómenos

El resultado de todo esto -particularmente sobre la educación- está siendo muy importante. Como señala el pensador Raymon Aron en una conferencia que escuchamos, *"La característica central de la Era de la Información es su extraordinaria potencia horizonta- dora, que quiebra todo lo vertical, jerárquico y burocrático. En pri- mer lugar, los estados. Es una fuerza que democratiza ineludible- mente a las sociedades, las achata y disemina las estructuras de conducción"*.

La ingeniería no se salvó de todos estos efectos. Un día llegó la computadora personal -u ordenador, como se dice en España- con su módem conectado a la fibra óptica y los satélites, todas crea- ciones de la ingeniería. Las computadoras llegaron para quedarse y dieron lugar a una forma de emplearlas que se llama ***Informá- tica***, como nueva disciplina del pensamiento. ***La informática es una hija de la ingeniería.*** En Argentina actual hay más de una radio por habitante, situación impensable en tiempos de la década de los años veinte. Todavía no, pero llegaremos fácilmente en poco tiempo a una computadora personal por habitante y también mucho más, por los usos comerciales, industriales y empresarios. En esta situación, la ingeniería ha penetrado resueltamente con sus productos y métodos en la sociedad, lo que insinúa que la misión social del ingeniero debe tener en cuenta esta transformación. No es disparatado afirmar que nos invade ***un mundo ingenieril,*** con una profusión de símbolos, iconos, códigos abstractos y nuevas proposiciones que modifican la forma de vivir y de aprender.

Con la cibercultura, cada persona puede tener acceso a una computadora personal, con su módem conectado a la gran red mundial de comunicaciones por satélite y fibra óptica. Busca el conocimiento allí donde sabe que está, lo llama y lo usa. Para cada tema, puede seleccionar al mejor profesor o la mejor bibliografía de la mejor biblioteca, con una gran economía de tiempo y una eficiencia relevante. Cuando sea de costo menor la técnica del "telediálogo", hasta podrá discutir con su profesor o interlocutor cada asunto, sin conocerlo personalmente. No estamos lejos de sistemas de traducción automática mediante los cuales, personas de idiomas diferentes, dialoguen normalmente hablando y escuchando en su propia lengua. Todos estos procedimientos implican actuar en forma "horizontal" dentro de una gigantesca red interconectada y a su vez, al avanzar en el aprendizaje y al encontrar nuevos conocimientos, *suministrar los mismos a la red actuando a la vez como alumno y profesor.* En verdad, este procedimiento *estimula la inteligencia colectiva.*

Cuando los maestros griegos salían *"fuera de muros"* como se estilaba decir, con sus discípulos, el saber no era tanto, se expandía en forma oral y se transmitía de ese modo de generación en generación. Luego el libro permitió dejar un rasgo indeleble del saber en forma permanente, y el discípulo pudo así aprender del maestro sin tratarlo personalmente, con solo leerlo. Hoy el libro está comenzando a ser discutido a causa de la cibercultura, ya que es tan sencillo por internet acceder a las mejores bibliotecas del mundo, e imprimir párrafos o documentos completos, que los hábitos van cambiando. En estos momentos, se empiezan a vender libros por Internet. Estamos en presencia de un **diluvio de información** que nos desorienta, una especie de flujo caótico de datos y conocimientos y nos sentimos como náufragos en un débil bote en medio de la tormenta. Estamos permanentemente **"on line"**, como se estila en el hablar. Por ello, es cada vez más ilusorio que una universidad pueda dominar todo el saber, que está fraccionado y repartido en bases de datos almacenados mediante técnica digital. Hoy en día la metáfora clave que simboliza la relación con el conocimiento, es la *"navegación por la red"*, como se ha dado en decir, lo que implica nuevas capacidades para soportar olas, vientos y turbulencias en una extensión llana, sin fronteras bien visibles y en un estado de agitación y cambio. *La interconexión de todos los ordenadores del mundo tiende a convertirse en la infraestructura más importante de la producción, la gestión, y la comunicación humana. En consecuencia, de la cultura toda.*

1.1.2 Globalización

Como hemos dicho más arriba al iniciar el anterior párrafo,

con la caída del muro de Berlín la economía cambió y los mercados se convirtieron en un sistema casi universal. El mercado, a pesar de las imperfecciones que los mismos economistas reconocen, se toma como referencia y esto tiene que ver con la globalización, como nos comenta Héctor Ruben Tomassini[10]. Para muchos, la globalización es un proceso irreversible. También advirtamos que la globalización no es un fenómeno espontáneo, sino estratégico, es decir, producido intencionalmente. Tampoco es una amenaza. Lo mismo que la cibercultura, no es tan sencillo precisar que es la globalización. Se trata de un fenómeno nuevo que todavía no ha decantado lo suficiente ni se ha estudiado con suficiente rigor científico, como para convertirlo en un concepto aceptado, como puede deducirse de lo comentado en un artículo de Alain Tourain[21]. Las definiciones más difundidas, a cargo generalmente de los economistas, pecan de cierta superficialidad, porque olvidan que está en juego el ser humano y su misión trascendente en el mundo. Se limitan a presentar a la globalización como una simple y fría concentración y coordinación de capitales, que en estrecha asociación con grupos empresarios e industriales, ya no en el ámbito de país, sino de todo el mundo como si fuese un solo país, procuran optimar los resultados y aumentar los beneficios. Al momento de escribir esto, se están haciendo fusiones de empresas de tamaño increíble, con inciertas perspectivas, según como se use el poder derivado de esas uniones. El ser humano, pequeño peón de ese fenomenal ajedrez, puede correr riesgos no esperados. Estos fenómenos nos parecen discutibles, dado que dejan de lado a los países más atrasados y hambrientos de la humanidad, que forman una parte importante de la población mundial. No los tienen en cuenta en sus estimaciones. Sus microeconomías no alteran para nada, con sus cifras, la macroeconomía general que es la que interesa y se discute en los foros ilustrados o repercute en las bolsas de comercio del mundo.

Lo complicado ahora parece ser lograr que la eficiencia que ha traido de la mano la globalización, sea a la vez equitativa para todos los seres humanos y esto es un desafío para la democracia y para la ingeniería.

Por supuesto que la globalización y la cibercultura, como todo invento del hombre, vierten sus efectos de acuerdo a como se los emplea. Por esto, ***tanto la cibercultura como la ingeniería, dentro de la globalización, deben estar necesariamente aso-***

ciadas a una conducta ética. De no ser así, la humanidad corre riesgos graves Puede caer en manos de minorías ilustradas carentes de principios, creando nuevas formas de esclavitud, como en la obra de ficción de Alduos Huxley *"Un mundo feliz"*[1], que tanto ha dado que pensar y sobre la que volveremos un poco más adelante

Para los países de alto desarrollo y con largas tradiciones de estabilidad, el fenómeno de la globalización puede ser más sencillo de entender por sus comunidades. Para la República Argentina, de corta historia universal y todavía en trance de resolver múltiples problemas internos, el fenómeno de la globalización resulta más complicado y no tan sencillo de interpretar. Tiene sus matices propios. Desde 1943 en que se inició un proceso de nacionalización de las fuentes de riqueza, de producción y de servicios, hasta 1991 en que se procedió a las privatizaciones en sentido inverso, *la misión de los ingenieros argentinos fue desconcertante*. Debe remarcarse que el proceso que vivió Argentina desde 1991 hasta el 2000 puede sintetizarse diciendo que se compone basicamente de la convertibilidad de la moneda, la disciplina fiscal, la desaparición del estado empresario, las desregulaciones, la apertura comercial y el fortalecimiento del sistema financiero. Antes de esto, en las empresas de servicios menguaba la calidad de sus prestaciones a causa del estancamiento, afectando gravemente a toda la comunidad. La industria pasaba del pequeño taller a dimensión de empresa, para emplear una expresión suficientemente gráfica, al amparo de las barreras aduaneras y de un sistema social que no alentaba la competencia. Todo parecía resuelto como por arte de magia merced a las acciones de un estado paternalista, propagador de una política que a veces mostraba rasgos corporativos fascistas y otras veces rasgos socialistas, ambas concepciones mezcladas, negativas y hoy totalmente desacreditadas. Dentro de ese esquema, la calidad de la ingeniería no contó con un aliciente suficiente a fin de llegar a la globalización actual, preparada como para enfrentarla. La apertura económica a que nos ha obligado la globalización, impide que los incrementos de los costos industriales se puedan trasladar simplemente a los precios, como ocurrió por muchos años. El aumento de la productividad se logra ahora por métodos diferentes a los del mercado regulado por el estado en el que estuvimos atrapados y obligados a vivir por muchos años. *No se estimuló en ese tramo de nuestra historia, una cultura del esfuerzo y del ingenio que permitiera desarrollar una ingeniería sólida propia, competitiva de nivel internacional.*

Hoy, las empresas que han sobrevivido al cambio de la globalización, deben replantear su modelo de organización y eso afecta, fuertemente a la ingeniería y a los ingenieros. La ingeniería argentina actual debe mirar no solo al pequeño mercado interno - antes cautivo por las reglamentaciones de protección - sino ver mucho más allá de las fronteras y los mares, y *atender las necesidades de clientes exigentes*, novedad   que muchos pequeños y medianos empresarios todavía no han asimilado. Por bastantes años, en las industrias y por causa de la inflación, el jefe de inversiones fue más importante que el ingeniero jefe de producción y desarrollo. Cualquier cosa que se fabricaba, mediocre e imperfecta, se vendía con facilidad por no haber otra cosa, ni precios comparativos al estar prohibida la importación.

Frente a tantas dudas que hoy se nos presentan -**muchas de ellas morales y éticas**- nos parece que para comenzar es preferible afirmar provisoriamente que la globalización pretende básicamente tres cosas: **progreso, equidad y participación.** Avanzando sobre la definición, podemos afirmar:

> **GLOBALIZACION es:**   **Bienestar económico**
> **Cohesión social**
> **Libertad política**

A través de esta afirmación parecería que la globalización nos hace acordar un poco al "*american way of life*", lo que conocemos como el estilo de vida norteamericano, basado en la sociedad de consumo como modelo de la felicidad, a través de la acumulación de la riqueza y el respeto por las libertades individuales. Los orígenes de este enfoque podrían buscarse en la Alemania de Otto von Bismarck y que por sucesivas transformaciones se llega al "*new deal*" de Franklin D. Roosevelt, con la publicidad como factor determinante de esa felicidad material. Luego, poco antes de la segunda guerra mundial, el brillante pensador inglés Aldous Huxley en su inolvidable obra del año 1932 *"Un mundo feliz"*[1], que ya hemos citado antes, explicó como una sociedad imaginaria acepta libremente la estratificación de clases y logra la felicidad cumpliendo la misión que una clase superior le asigna, en una especie de chocante entretenimiento perpetuo. La felicidad de la ficción de Huxley es una especie de idiotez basada en la eliminación total de la vida espiritual para los seres humanos y la servidumbre de las clases inferiores en medio de una alegría falsa. El dictador de ese "mundo feliz" de Huxley no es un grotesco Hitler, sino simplemente una ficción refinada siempre presente en todas partes a través de una colección de productos tecnológicos de represión creados por la ingeniería, productos entre los cuales está, inclusive, el ser humano logrado en el laboratorio a través de la ingeniería genética y en forma racionalmente programada. Esa forma diabólica de someter al ser humano por medio de la ingeniería, la vimos bien explicada por George Orwell[14] en su obra *"1984"*.

Pero retornando a lo dicho un poco más arriba al intentar definir a la globalización, en una democracia por muchos años suspendida -como ocurrió en la República Argentina- relacionar el progreso, la equidad y la participación con la ingeniería no pareciera tan sencillo, pero tampoco es imposible. No debe olvidarse que nuestro país estuvo sometido durante casi medio siglo a la inflación y a las barreras aduaneras, fomentando la sustitución de importaciones, política mediante la cual se amasaron fortunas con una rapidez inadecuada, a costa de un mercado cautivo. Nuestra pequeña y mediana industria, cara y de baja calidad, permaneció protegida por el estado y se acostumbró a vivir de esa manera. Esto no permitió a los ingenieros el desarrollo pleno de la creatividad competitiva y así es que al llegar la globalización, esa precaria industria fue tomada de sorpresa por un fenómeno nuevo, que todavía no ha terminado de asimilar. Vittorio Orsi[7] [8] [48] en sus obras permite el lector interesado encontrar mucho material de lectura, basado en el análisis de las reuniónes llevadas a cabo en Davos, Suiza. De todos modos, como el fenómeno de la globalización, en relación con la ingeniería y los ingenieros no ha sido tratado todavía, es lícito relacionar estos fenómenos. Hagamos entonces el intento de *vincular la globalización con la ingeniería*, mediante los puntos que siguen.

1.2 Ingeniería para el mundo actual

Los trascendentes cambios que se están produciendo en el ámbito internacional, repercuten sobre la forma de ejercicio de todas las profesiones intelectuales. También, sobre la actitud ética de estos profesionales frente a los acontecimientos, a lo que debe agregarse que nadie puede permanecer indiferente ante los acontecimientos políticos.

En la actualidad, todo universitario tiene la obligación de estar informado de lo que ocurre e interesarse por la política, aunque no la practique. Ningún profesional universitario puede permanecer indiferente frente a lo que le está ocurriendo a la humanidad.

Con más razón, quienes se interesen por la ingeniería, que es uno de los protagonistas de los cambios ocurridos y por ocurrir. Aquellos que desean ingresar al mundo de la ingeniería y aquellos que por razones de su profesión específica, deban trabajar en equipo con ingenieros y entender lo que hacen, conviene comprendan que es la ingeniería. Por la rapidez de los cambios, todo lo que se expresa a continuación vale para el momento presente.

1.2.1 Escenarios estratégicos y geopolíticos para la ingeniería

Intentamos a continuación establecer una correlación entre los grandes hechos de la globalización y el protagonismo de la ingeniería dentro de ellos:

❖ Ha concluido la guerra fría y la carrera armamentista, sin que ni los pensadores ni los científicos, hayan podido predecir la caída de la ex Unión Soviética, que se entregó mansamente con todo su poder militar intacto. Cayó porque su discurso utópico no pudo lograr para sus gentes ni libertad, ni calidad de vida. Hay un claro vencedor de esa confrontación, gústenos o no. Nos encontramos en un proceso de reconversión del ex mundo socialista y sus otrora naciones cautivas de ese socialismo, con un *equilibrio total* a cargo del formidable poderío militar y económico de los Estados Unidos de Norteamérica como gran gendarme universal. La victoria de uno de los grupos sobre el otro culminó en un proyecto que se dio en llamar "La guerra de las galaxias", que examinado con detenimiento nos demuestra que se trató de una gran victoria de la ingeniería de uno de los bandos, sobre el otro. Todavía la humanidad -aferrada a viejos estilos históricos- creyó que la definición estuvo basada en la ciencia y la política, cuando a decir verdad, *la victoria la definieron la ingeniería y los ingenieros* de uno de los dos bandos, con la ayuda y el respaldo de los científicos y los políticos. Este gran desenlace está produciendo enormes cambios en la ingeniería de todas las naciones del mundo, al desarticular una parte substancial de la industria bélica en muchas partes del mundo y obligar a los ingenieros a reconvertirse y emplear sus capacidades para otros fines, con otros medios y otros recursos. El resultado lo estamos viendo y es la confusión, la corrupción y particularmente, la desocupación.

❖ Se ha desintegrado la ex Unión de las Repúblicas Socialistas Soviéticas y sus pueblos *están aprendiendo a vivir en democracia y con una libertad que no conocieron*, presentando una acentuada desorganización política y social y un claro estancamiento tecnológico, completamente entendibles. Este proceso demandará tiempo, porque son democracias frágiles. Para llegar a la democracia estable, deberán soportar varias tormentas. Las formas tiránicas, primero de los zares y luego del socialismo, han calado hondo, creando formas de autodefensa de los burócratas desplazados y privilegiados por el sistema socialista, para resistir la llegada de la libertad. Al no conocer esos pueblos la *sociedad abierta*, sus valiosos ingenieros todavía no han encontrado adaptación a los nuevos estilos de ejercicio profesional. Estaban habituados a una industria estatal en que los costos tenían poca importancia, porque estaba dedicada casi exclusivamente a la feroz maquinaria de la defensa y al espectáculo de entretenimiento político que era la conquista del espacio. Ingenieros poco habituados a crear y producir elementos simples para la calidad de vida de las personas. Esto se nota claramente escuchándolos exponer en los congresos y seminarios internacionales a los que concurren angustiados.

❖ La democracia va sustituyendo a las formas autoritarias de gobierno en casi todas las partes del mundo, salvo islas de tiranía, fanatismos tribales, o fundamentalismos religiosos, pero de todos modos en lugares identificados y de poca relevancia por su escasa ingeniería propia. El establecimiento de la democracia donde no la hubo, también demanda su tiempo. El caso de China y las naciones del sureste asiático presenta muchas incógnitas, dado que no tenemos suficiente información sobre la calidad de sus ingenierías, aunque sí, apreciamos el despertar de un vigoroso espíritu competitivo basado en la mano de obra barata. La posibilidad de *una nueva y peligrosa bipolaridad protagonizada ahora por los Estados Unidos de Norteamérica y*

China, abre a las ingenierías y al papel social del ingeniero, perspectivas éticas muy relevantes. Podríamos ir hacia una ***"nueva guerra fría", si los ingenieros olvidan sus compromisos éticos y con la paz. Los políticos, por sí mismos, son incapaces de diseñar, construir y operar los elementos bélicos de destrucción en gran escala. Los científicos, a su vez, están aislados en su mundo ideal.*** Finalmente, el caso de Africa negra y las naciones pequeñas más recientes, parece abrigar pocas esperanzas de progreso de sus ingenierías en un futuro próximo, lo mismo que la India, que a 50 años de su independencia, está en situación ambivalente con su hambre endémica sin resolver y algunos logros técnicos y científicos un tanto sorprendentes e inapropiados.

❖ La Europa occidental ha preferido buscar las soluciones por medio del mercado libre y la unificación de las monedas, que pese al tiempo transcurrido, todavía no está completamente a punto, porque las uniones aduaneras son procesos lentos. El tratado de Maastrich es una muestra de ello, como recuerda Vittorio Orsi[7]. Alemania unificada no ha tenido el éxito esperado al procurar captar al mercado de las naciones de la ex Unión de las Repúblicas Socialistas Soviéticas y está perdiendo posiciones. Pero de todos modos, *para los ingenieros argentinos y sus escuelas de ingenieros, el caso de la Unión Europea constituye un ejemplo a observar para aplicarlo -con reservas y adaptaciones- a nuestro Mercosur y probablemente, a la Alianza de Libre Comercio de las Américas (ALCA).*

❖ Se forman grupos de naciones unidas por intereses comunes, bajo la forma de mercados regionales, como son la Unión Europea, el Mercosur, el Nafta, el Japón y su área de influencia con las dos Coreas, Taiwan, Hong Kong, Filipinas y Singapur. Bien cerca de nosotros, el Acuerdo General de Tarifas y Mercados de la Ronda Uruguay, conocido con la sigla GATT (que ahora se llama Organización Mundial del Comercio), etc. *Las naciones unen sus fuerzas y dejan de actuar solas. Sin lugar a dudas, las ingenierías y las instituciones formadoras de ingenieros, deben llegar a convenios de parecido tipo.* Pero este efecto no se encuentra solo en lo nacional o regional. Las viejas fronteras provinciales argentinas trazadas por intereses de la época colonial previa al Acuerdo de San Nicolás, muchas de ellas también producto de rudimentarios conflictos entre caudillos, comienzan a ser un impedimento. Provincias de bajos recursos y desarrollo, con legislaturas de opereta que originan ingentes gastos reclaman una racionalización de fronteras. Se avecina una época de acuerdos entre provincias, para formar bloques economicamente viables. Igualmente, los nacionalismos recalcitrantes y militarismos anticuados de nuestra América Latina, que consumen recursos genuinos en la compra de chatarra militar de descarte de los más poderosos, sostienen fronteras poco prácticas y conflictos fronterizos antojadizos. Un síntoma de estas tendencias se puede apreciar al momento de escribir estas líneas, con la paulatina consolidación de ALCA (Area Libre Comercio Américas), o su sigla inglesa FTAA (Free Trade Area Americas), entidad que tomará gran importancia para la ingeniería en los próximos años. En todas partes las naciones y los grupos regionales unen fuerzas para ser más competitivos. Frente a esto, *la ingeniería deberá racionalizarse, y los ingenieros mismos habituarse a la movilidad de un país a otro, o de región en región, pero sobretodo, estudiar y formarse con un criterio universalista que antes no era tan necesario.*

❖ Se van concluyendo las formas de regulación económica interna y *las antiguas fronteras geográficas se desdibujan*, para ser sustituidas por las fronteras idiomáticas, culturales, tecnológicas, sociales y económicas. El mismo concepto de soberanía se estudia sobre bases nuevas. En nuestra América Latina se nota una positiva tendencia hacia el reagrupamiento sobre bases de racionalidad, más que por antiguas situaciones emocionales o viejos conflictos territoriales. Los acuerdos de cooperación *obligan a los ingenieros a trabajar sobre bases comunes de coordinación y mejor aprovechamiento de los recursos humanos y naturales.*

Por todo lo dicho, la ingeniería no puede ya desentenderse de la existencia de estas transformaciones y debe, por fuerza, tenerlas en cuenta, *dado que ha concluido aquella época en que los países se protegían mediante barreras aduaneras y todos trataban de producirlo todo.* Hoy, la economía de la mayoría de los países más avanzados y de los que desean alcanzarlos, tiene reglas prácticamente iguales.

Hemos tratado de demostar que la ingeniería tiene que ver con la cibercultura y con la globalización. Es en parte causante y parte de ellas. Por estas razones nos preocupa mucho la formación de los ingenieros, porque con su conducta pueden producir cambios sociales.

1.2.2   Ingenieros frente a fenómenos condicionantes

Hasta un pasado relativamente cercano, se pensaba que el trabajo profesional del ingeniero influía poco sobre su contorno social. Pero en la actualidad, se tiene en cuenta que los ingenieros al concebir, proyectar, construir, fabricar y gerenciar componentes técnicos que la sociedad requiere para su necesidades esenciales e inclusive, para sus necesidades superfluas, está gravitando sobre la sociedad. Lo inverso, también es cierto. La situación social imperante en el mundo, está modificando las áreas del ejercicio profesional e inclusive, el sentido social de esta profesión

Sin entrar a debatir en profundiad este asunto -que compete mas al estudio del papel social del ingeniero- conviene tener en cuenta lo escrito por Francisco Aparicio Izquierdo y María Rosa Gonzalez Tirados[3]. Estos catedráticos españoles proponen que ahora hay tres tipos de ingeniero, bien diferenciados: *el ingeniero de producción, el ingeniero de desarrollo y el ingeniero de gestión.* Todo esto hace que la formación del ingeniero moderno se vea afectada por una diversidad de factores. Entre ellos, debemos tener en cuenta inclusive lo que ocurre en las empresas las que, a su vez, son influidas por los acontecimientos de una economía globalizada y veloz, que impone un ritmo de cambio que altera la estructura social.

Todo, en su conjunto, nos permite decir que existen por tanto hoy, ***fenómenos externos condicionantes para la ingeniería.*** Examinemos entonces como el trabajo de los ingenieros en los países de alto o mediano desarrollo está cada vez más enlazado a las consecuencias de tres factores que ya es imposible dejar de tener en cuenta en las escuelas de ingenieros.

> ➢   **La complejidad y abundancia de la tecnología**

Es prácticamente imposible lograr en un solo individuo todos los saberes requeridos en el desempeño normal profesional. La visión de lo que antiguamente se conocía como "*el hombre-orquesta"*, es un rol que ha desaparecido.

➢ **El impacto de la automación y la informática**

También ha desaparecido la versión tayloriana del *"puesto de trabajo"*, como el lugar de tareas repetitivas. Se avanza en dirección a trabajos polivalentes, organizados en forma de equipos autónomos con apoyo de la informática. El trabajo en grupos es un imperativo.

➢ **Las nuevas formas de organización gerencial**

Observamos en todo centro de producción de bienes y servicios, la aparición de organizaciones *"en red"*, organizaciones por proyecto, conjuntos de trabajos policelulares, grupos con responsabilidades parciales pero integradas a un sistema. La relación entre equipos es esencial.

Los hechos que observamos -indiscutibles en el mundo actual- están imponiendo sus reglas, las que invaden el ejercicio profesional de viejo estilo, hasta prácticamente destruirlo. Este fenómeno no ha penetrado fácilmente en las viejas estructuras de las universidades tradicionales. No responde al *"modelo humboldtiano"* de la clásica universidad alemana, científica, académica y ligada al avance de la cultura. Tampoco responde al modelo napoleónico de las clásicas *"grandes ecòles"* francesas, profesionales, académicas y ligadas a los intereses del estado. Las universidades no pueden soportar ya la presión de este fenómeno perverso, que **coloca a la universidad en situación apremiante y perdedora**. La universidad, habituada a los cambios lentos que en algunos casos requirieron siglos, ha sido tomada de sorpresa por una sociedad que ya no la mira con la reverencia debida y pretende que se adelante a los hechos que ella vive, o por lo menos, marche a la par.

Estas reflexiones agregan preocupación a los encargados de la formación de ingenieros, debido a que este tipo de profesional se ve muy afectado por los acontecimientos de cambio. Se ha creado una especie de *"estructura técnico-social"* dentro de la cual se mueven los ingenieros, que impone reglas que no fueron anunciadas en las aulas y que los mismos profesores no entienden o no conocen. Es notoria la dicotomía entre el *"mundo de afuera"* y el *"mundo de adentro"* de las universidades.

1.2.3 Ingenieros con responsabilidades nuevas

Si efectivamente tenemos la misión de formar ingenieros para ese *"mundo de afuera"*, debemos necesariamente comprender que hoy estos profesionales pueden estar llamados a desempeñar alguna de dos responsabilidades bien distintas, conforme sus vocaciones, inclinaciones u oportunidades. Veamos cuales son estas dos responsabilidades.

♦ ***La gestión del sistema***

Los ingenieros están siendo convocados - cada día más - a conducir y gerenciar sistemas (de producción, de servicios, contables, administrativos, comerciales, bancarios, sociales, educativos, etc.) en medio de un torrente de información turbulenta y amenazante. Este saber necesario para desempeñarse eficazmente en sistemas plagados de ambigüedades, con falta de datos precisos y afectados por hechos sociales, no pasa precisamente por la profundización teórica fisicomatemática.

El sentido necesario para lograr armonizar todo ese conjunto heterogéneo, no se adquiere en el viejo claustro hermético de meditación que es la universidad clásica, ni usando el método científico. Tal vez es al revés. ***El método científico se constituye en un pesado lastre*** que retarda la toma de decisiones, porque busca un perfeccionismo y una exactitud equivocadas y *emplea demasiado tiempo* para llegar a sus conclusiones. Hoy se debe aplicar ***"El método de la Ingeniería"***, sobre el cual volveremos más adelante. El método científico enseña a penetrar la naturaleza de las cosas y como esa naturaleza es inconmensurable y de dimensión indeterminada, allí no hay plazos de entrega como en la ingeniería. Es probable por ello, que muchos graduados ingenieros formados con una fuerte impregnación en el método científico por sus profesores de las ciencias fisicomatemáticas, al ingresar al mundo de la ingeniería se sientan desconcertados. El mundo que encuentran después de recibir el diploma es muy diferente al que los científicos e investigadores le inculcaron. A causa de ese desconcierto del que no son culpables, opinan despectivamente de ese mundo real en que se ven zambullidos sin elementos de supervivencia. Muchos de ellos, al ver que no pueden aplicar toda la parafernalia de ciencia que les enseñaron, dan la espalda al mundo de la ingeniería, y se refugian en la universidad para terminar sus días como docentes o investigadores. Se lamentan de continuo porque los que están en el mundo real de la ingeniería, progresan y alcanzan una mejor calidad de vida y un mayor reconocimiento social. Otros graduados al percibir su desubicación en el mundo real al que ingresan luego de graduarse, se sobreponen a una formación errónea, adquieren luchando mucho los atributos que le faltan, e ingresan al ejercicio profesional de la ingeniería tal cual es. Son los que llamaremos *Ingenieros Profesionales* y muchas veces alcanzan posiciones de relevancia. Como más adelante comentaremos, debe existir otro grupo de ingenieros, los que llamaremos *Ingenieros Científicos*, que son precisamente los que producen las investigaciones y desarrollos nuevos, siendo artífices del progreso. Actúan en las universidades, institutos de ciencia y técnica y en empresas con fuerte compromiso innovativo.

♦ *La especialización*

Los ingenieros se encaminan también hacia la especialización, abordando áreas o temas puntuales, lo que demanda una profundización del saber técnico, que muchas veces requiere un sólido soporte científico en el campo de las ciencias fisicomatemáticas, que debe buscarse cumpliendo cursos de posgrados como doctorados, maestrías (el vocablo máster se ha castellanizado) y especializaciones.

Dentro del camino de alta especialización, el ingeniero trabaja en forma muy distinta a como lo hace el que toma el camino de la gestión de sistemas. En general, trabaja con menos contactos humanos y es responsable más por los resultados de su trabajo, que por el resultado de los trabajos de los demás. Precisamente aquí aparece una diferencia sustancial entre el ingeniero especializado y el ingeniero de gestión de sistemas, diferencia que muchas veces está marcada por la propia personalidad humana. El ingeniero de gestión debe tener una natural predisposición hacia la conducción de problemas y personas y también debe estar provisto de bases en disciplinas científicas que no pertenecen al campo de las ciencias fisicomatemáticas.

Admitiendo estos dos tipos de responsabilidad más frecuentes en el mundo del desempeño profesional, surge diáfanamente que la formación académica deberá tenerlos en cuenta. La universidad deberá adecuarse rapidamente en los próximos años a esa necesidad de los graduados y proporcionar una formación acorde con esas dos posibles futuras trayectorias.

Debemos reconocer que esto no es sencillo. En primer lugar, porque todo hecho nuevo no aporta todavía la suficiente carga de experiencia y reflexión como para actuar con seguridad. En segundo lugar, porque la resistencia al cambio es un fenómeno que también afecta a la universidad, que se resiste tercamente a dejar sus hábitos medievales. Una tercera razón, es la carga de politización que la universidad argentina viene arrastrando, lo que ha creado para la toma de decisiones, sistemas colegiados lentos e ineficientes.

1.2.4 Funciones típicas del ingeniero actual

Penetrando algo más allá de las responsabilidades recién descriptas, procuremos mostrar los cuatro caminos en que más frecuentemente encontramos ahora a los ingenieros en el mundo.

- **El especialista**

    Es un técnico en su dominio. Ejecuta una o varias técnicas necesarias en el ejercicio de su profesión de base. Ejerce a diferentes niveles jerárquicos. A medida que progresa, se enriquece con el aprendizaje de técnicas vecinas a la suya, que le son necesarias.

- **El experto**

    Suele surgir de entre los especialistas, pero a diferencia de ellos, es capaz de hacer evolucionar a su especialidad, sobre la base de su propia experiencia, pero más por sus aptitudes intelectuales conceptuales. Crea nuevas técnicas y las pone a disposición de los especialistas. Su nivel es alto y se asemeja al ingeniero científico, pero se diferencia de aquel, en que mantiene una atadura sólida con los medios de producción y el ritmo de trabajo de la vida empresaria.

- **El gerente**

    Es un dirigente que busca logros efectivos. Es capaz, en una situación dada, de tener en cuenta las condiciones y competencias de las personas que tienen que ver con el mismo, e igualmente de las características de la organización. Debe adoptar decisiones. Esto implica una serie de aptitudes y predisposiciones personales para conducir favorablemente los hechos dentro de una perspectiva clara. Relaciona las comunicaciones, las decisiones y las relaciones interpersonales.

No existe un perfil típico de gerente, sino perfiles adaptados a las diversas realidades. En general, las características suelen ser las siguientes:

⇨ Fuerte adaptación a la ambigüedad.
⇨ Fuerte adaptación a la incertidumbre.
⇨ Sólida estabilidad psicológica.
⇨ Espíritu de síntesis extraído de los detalles.

- **El dirigente**

Surge de entre los gerentes. El aspecto más saliente de su personalidad, es que puede afrontar riesgos elevados. Su valor consiste en su capacidad de anticiparse y orientar al conjunto hacia una identidad futura que él percibe claramente. A esto se lo llama *estrategia*, como en la guerra.

La posición de dirigente -a la que se llega en el último tercio de la carrera- implica asumir responsabilidades muy importantes y también admitir una forma de vida particular, dado que en muchas ocasiones, las obligaciones imponen restricciones. Esto comporta una cierta adaptación de la vida personal y familiar al ritmo de los negocios, asunto que es necesario compatibilizar para no dañar a las dos vertientes.

Frente a los dos tipos de responsabilidad posibles antes descritos y frente a los cuatro tipos de función, es positivo tratar de hacer un balance o síntesis de lo dicho, para esbozar rutas en la vida profesional. Conviene llamar la atención -sobretodo al recién graduado- que las dos trayectorias indicadas, la de especialista y la de gerente, suelen iniciarse juntas. Precisamente las empresas de máxima evolución en materia de recursos humanos, proporcionan a los ingenieros jóvenes posiciones dentro de las cuales, es posible que manifiesten dormidas aptitudes. Sobre esto, se hace necesario llamar la atención también de un hecho importante. Hay un punto de la carrera, a cierta edad, conocido como *"el de no retorno"*, en que ya deja de ser posible la opción, porque los caminos divergen rápidamente. Por tales causas, el interesado y su empresa deben decidir en cierto momento, si el candidato se encamina hacia las posiciones de gerencia o hacia las posiciones de especialización.

Si pretendemos una explicación por la vía gráfica, podemos ensayar el cuadro que se muestra más abajo, desde que el graduado ingresa al mundo del trabajo profesional. En la primera etapa, lo que hoy se suele denominar *"Ingeniero Junior"* en la jerga empresarial moderna, se proyecta el futuro, se hacen los posgrados necesarios y se prepara al profesional para ser un gerente o un especialista. Las empresas bien organizadas planean esta etapa cuidadosamente, porque saben que de ella han de surgir sus futuros dirigentes o sus grandes expertos.

A continuación ensayamos un esquema de carrera para el mundo actual. Muchas empresas importantes en Argentina tienen programas llamados *"Jóvenes Profesionales"* que se aproximan a la idea que ahora vamos a exponer. Consultamos también un informe de Francia[24].

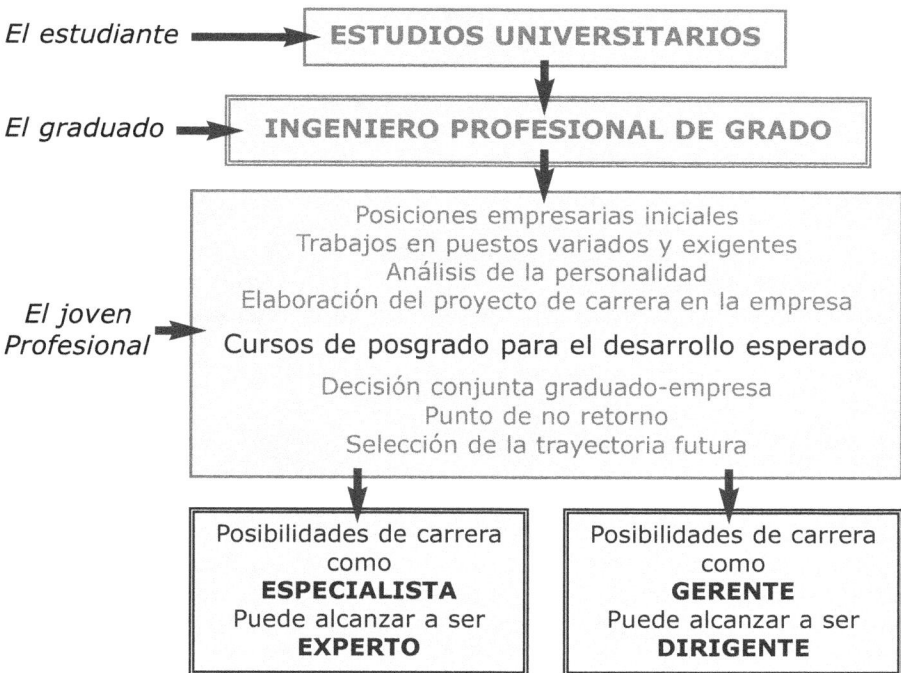

El estudiante ⟶ **ESTUDIOS UNIVERSITARIOS**

El graduado ⟶ **INGENIERO PROFESIONAL DE GRADO**

El joven Profesional ⟶

> Posiciones empresarias iniciales
> Trabajos en puestos variados y exigentes
> Análisis de la personalidad
> Elaboración del proyecto de carrera en la empresa
>
> Cursos de posgrado para el desarrollo esperado
>
> Decisión conjunta graduado-empresa
> Punto de no retorno
> Selección de la trayectoria futura

Posibilidades de carrera como **ESPECIALISTA** Puede alcanzar a ser **EXPERTO**

Posibilidades de carrera como **GERENTE** Puede alcanzar a ser **DIRIGENTE**

Es interesante también remarcar que *la carrera de los especialistas es, por lo regular, limitada*. Los topes superiores de las carreras empresarias no están habitualmente, ocupados por especialistas.

Antiguamente, cuando se pensaba que ingeniería era ciencia aplicada, se bombardeaba al estudiante con un diluvio de ciencias fisicomatemáticas. La primera etapa de su trabajo en la empresa era -aunque nunca se lo admitía por decoro- una etapa de reconversión. Las empresas pagaban en cierta forma el error universitario de haber otorgado una personalidad científica, en vez de una personalidad profesional. Hoy esto no es posible.

Por ello, la etapa de ingeniero joven debe ser una etapa de producción, más un espacio de tiempo para la preparación posterior. Antiguamente era una etapa de corrección de errores. Más adelante al desarrollar el tema 1.6. seremos más específicos en cuanto se refiere a las funciones que suelen desempeñar los ingenieros.

También debemos hacer un breve comentario sobre *"especialistas"* y *"generalistas"*. Cuando a un ingeniero que ha practicado su profesión le llega el momento de se promovido a jefe, en su camino hacia la cima, debe comprender que no es un cambio de puesto de trabajo, sino que entra en otra profesión. Pasará a ser responsable del trabajo de otros, situación que ocasiona no pocas preocupaciones. Inclusive, cambia el estilo de vida. En Argentina, la ex empresa del estado SEGBA, llegó a dictarles un curso de *"desespecialización"*, para colocarlos en su nueva situación. Es todavía, un camino poco explorado en las universidades.

1.3 Informática e ingeniería

En el momento actual es imposible separar estos dos componentes de nuestra vida. Por donde miremos, los encontramos juntos. Por ello, deseamos exponer en unos párrafos los principales elementos que muestren esta importante relación. Resulta interesante consultar el pensamiento de Bill Gates[23] sobre este apasionante asunto.

Por momentos nos preguntamos: ¿Cómo era el mundo antes de inventarse la computadora personal?. ¿Cómo nos arreglábamos para hacer las facturas o pedir el saldo en los bancos?. ¿Cómo se guardaba y buscaba la información?. El vertiginoso aluvión de novedades nos desborda y entierra en forma irreverente, sin velatorio ni discurso de circunstancias, los productos técnicos que al momento de aparecer nos dejaban maravillados, hace apenas poco tiempo atrás.

1.3.1 Vistazo histórico

Conviene examinar un poco esta relación tan importante entre la ingeniería y la informática. Todo comenzó no hace mucho y si repasamos hechos cercanos en el tiempo, descubrimos algunos detalles interesantes. Alrededor de 1941 se inventa el transistor común de tres terminales e inmediatamente el transistor de efecto de campo, mediante el cual se produce una revolución en la forma de concebir y construir los circuitos electrónicos. Advirtamos que los circuitos electrónicos constituyen la razón de ser de toda computadora, porque permiten operar fácilmente la lógica. La computadora existe, porque existen los circuitos electrónicos. Pero también porque existe una ingeniería de variadas especialidades que permite la producción masiva y a precios accesibles de los productos más increíbles. Un repaso histórico lo trata Enrique Daniel Sila[9].

Concluye con esa invención del transistor común y luego del transitor de efecto de campo, la era de las válvulas termoiónicas, y la amplificación de señales resulta asunto más sencillo. Rápidamente se llega a los llamados "multivibradores biestables", conocidos también como "flip-flop", que tienen la cualidad de poder almacenar información en forma electrónica. Se había inventado "la memoria electrónica", base esencial de la computadora. De allí se pasa a los circuitps integrados y luego a los microchips de silicio, la microelectrónica, la fibra óptica y las formas de comunicación por satélites. Se aumenta la frecuencia de oscilación eléctrica de los circuitos hasta valores enormes. En el transcurso de ese período se descubre, además, que resulta mucho mejor para expresar un valor numérico usar las técnicas digitales en vez de las técnicas analógicas, con lo que cambian radicalmente las formas de tratamiento de los circuitos electrónicos y la matemática aplicada para entenderlos. Como la técnica digital emplea la representación binaria de los datos -un número binario consiste en dos bits, el 0 y el

1 -todo se ha simplificado rápidamente. En 1946, en la Universidad de Pensilvania, J. P. Echert y John Mauchly diseñan el primer computador no mecánico. La computadora abre posibilidades y particularmente, la computadora personal como producto de una ingeniería electrónica refinada. Problemas antes humanamente imposibles de resolver en el transcurso de la vida de una persona, se resuelven en minutos.

No son los descriptos, como a veces suele decirse, progresos científicos. Son progresos de la ingeniería electrónica y de la informática juntas, ensambladas, más una ingeniería industrial que hace posible la masificación y abaratamiento de los productos. Toda la ingeniería asociada a estas realizaciones, asistida en algunos casos por investigaciones científicas particulares en el campo de la física del estado sólido, permite logros espectaculares. Se torna obsoleto el viejo dicho que la ingeniería es "ciencia aplicada", para dar paso al concepto de que es un "arte asistido por las ciencias". Los papeles se invierten y los científicos, para sus logros, deben esperar a que la ingeniería y la informática resuelvan problemas con su capacidad de análisis, su capacidad de síntesis, su capacidad de ejecutar y su sentido de la realidad global.

Esta última afirmación puede merecer algunas reservas, por lo que conviene aclararla mediante un ejemplo. En el decir popular, la carrera por penetrar el espacio exterior es el resultado de avances científicos. No es así. Los avances científicos para develar los misterios del cosmos, son consecuencia de grandes obras de ingeniería anteriores. Una nave espacial es una formidable estructura de ingeniería aeronáutica, aerodinámica y mecánica. Los sistemas de propulsión son resultado de una ingeniería mecánica espectacular. Los soportes móviles que transportan las astronaves hasta el lugar del lanzamiento, son grandes obras de la ingeniería civil y electromecánica. Todos los sistemas de seguimiento y control automático del vuelo, son maravillas de la ingeniería electrónica y electromecánica. Los materiales de la astronave son resultado de soluciones encontradas por la ingeniería metalúrgica. Los combustibles de propulsión son productos de la ingeniería química. Los sistemas de comunicaciones y seguridad son proyectos de ingeniería electrónica. Una astronave es una colosal obra de ingeniería de espectro practicamente total, porque intervienen casi todas las especialidades y en todas está presente de alguna manera, la informática La parte científica está más centrada en la astronomía y la astrofísica para determinar las trayectorias y los tiempos y fijar que es lo que se desea saber de los misterios del espacio exterior, para luego especular con esos conocimientos. También, la ciencia interviene con la biología para el estudio de las condiciones en que se desenvuelven los seres vivos en el espacio. Pero la Astronáutica es, esencialmente, ingeniería e informática, juntas.

Se ha tomado expresamente el caso de la astronáutica, porque la parte científica conculca habitualmente a la ingeniería y desmerece su importancia. Casi todos los elementos del mundo moderno que nos rodean actualmente, son obras de ingeniería, desde una radio portátil o un teléfono celular, hasta una gigantesca represa hidroeléctrica.

1.3.2 Informática para la ingeniería

Viendo las cosas desde otro ángulo, la ingeniería actual abandonó la regla de cálculo, los ábacos y los gráficos, para usar la computadora personal con sus bases de datos y sus programas que encierran enorme cantidad de horas de trabajo intelectual o repetitivo que antes debían hacer operadores especiales, con miles de soluciones para optar y grandes cantidades de horas de trabajo que se han esfumado. La ingeniería se encuentra en la misma situación que la informática, por culpa de ella misma. No se distingue bien, en la confusión, si la ingeniería desbarata a la informática o la informática desbarata a la ingeniería.

Los ingenieros modernos saben muy bien que la informática no es un fin, sino un simple medio, una herramienta maravillosa que los confunde, porque cuando la van a emplear, se transfigura ella misma y los obliga a modificar los procedimientos. Por otro lado, si la ingeniería cambia, sus resultados penetran enseguida en la informática y la obligan a su vez a modificarse y así sucesivamente, en un movimiento circular infernal de nunca acabar. En este torbellino estamos.

A esta singularidad propia de la informática se suma la complejidad de todos los conjuntos actuales de ingeniería, que tornan utópicas y desconcertantes las condiciones de trabajo y de cálculo de los mismos. La dimensión e intrincado de los sistemas actuales de la ingeniería suelen alcanzar un umbral a partir del cual, la precisión y la significación se tornan cualidades mutuamente excluyentes. Por ello, en ingeniería aparecen dudas sobre la forma de emplear la informática para interpretar un sistema complejo y nunca quedamos tranquilos sobre la certeza de estar empleando el programa adecuado. La informática, al permitir la modelización virtual, trata de explicar la funcionalidad de los componentes de un sistema técnico y de su accionar conjunto, pero como ambos están cambiando continuamente, nunca podemos alcanzar a explicar en forma segura las cosas. En los actuales conjuntos de la ingeniería las condiciones de partida no son enteramente conocidas, presentando un apreciable margen de incertidumbre que, agregado a la informática, con sus propias singularidades, generan juntas un conjunto de cada vez más difícil interpretación.

Concluimos entonces que la informática, sumada a la ingeniería son, en el mundo actual, como *dos pequeños demonios* muy difíciles de dominar, porque al interactuar mutuamente con su velocidad de cambio, generan condiciones de operación y de interpretación sumamente desconcertantes. Por otro lado, *la humanidad ya no puede vivir sin el nivel de ingeniería y de informática al que ha llegado.* El tema brinda oportunidad para profundas reflexiones filosóficas sobre la esencia de ambos componentes de la cultura contemporánea, que nos hace volver a Mandrioni[20]. Esa carencia de filosofía sobre la ingeniería y la informática, deriva de una cuestión muy sencilla. Tanto la ingeniería como la informática, no resultan tan simples de penetrar. Se requiere una base de ciencias exactas y de lógica que como ciencias duras que son, los cultores de las ciencias blandas las esquivan elegantemente.

1.4   *Algo sobre orígenes e historia de la ingeniería*

La historia de la ingeniería, por su misma naturaleza intrínseca, estuvo presente en toda la historia de la Humanidad y *es muy anterior a las ciencias*. Desde los tiempos iniciales del ser humano bajo su configuración actual, el hombre hizo cosas técnicas que fueron las ingenierías de su tiempo. No tuvo que esperar que hicieran su aparición las ciencias, para producir lo que necesitaba. La ingeniería siempre estuvo adelante. Luego vinieron las explicaciones rigurosas de los científicos.

Para algunos estudiosos es la edad terciaria y para otros es la glaciar o cuaternaria, el momento en que el hombre hizo su aparición sobre este planeta. Por lo menos, tal como lo imaginamos ahora, diferenciándose de otras especies vivas. Desde ese entonces, dos han sido las actividades que han caracterizado al hombre, que las señalamos a continuación con sus habituales denominaciones.

Conocer, que equivale a decir, *"homo sapiens"*.
Construir, que equivale a decir, *"homo faber"*.

Aquí ya aparece la gran diferencia entre **investigador e ingeniero**, que más abajo comentaremos con más detalle, porque se trata de una diferencia muy importante. Observemos que el hombre comenzó sus invenciones con el hacha de silex y el punzón de hueso, precursoras de las hoy sofisticadas máquinas-herramienta accionadas en forma automatica por control numérico y de los robots que ensamblan automóviles, todo al conjuro de la informática asociada a la máquina. **Así nació la ingeniería.** El ingeniero de hoy es ese *"homo faber"* de nuestro tiempo.

1.4.1 Ingeniería en el mundo

Al principio, la manufactura a cargo del hombre proveyó la necesidad inmediata de contar con elementos indispensables para la defensa, el vestido, la alimentación y la habitación. Pero para los seres humanos, la *necesidad* y la *utlidad* comenzaron a diferenciarse a medida que la cultura hacía al ser humano más refinado y sensible. Se crearon renovadas necesidades que lo fueron distanciando de los otros seres de la escala viviente, producto de un sentido más espiritual y acabado de la vida. Las necesidades crecían, pero ya no solo para los asuntos indispensables, sino para los superfluos también. El hombre se refugiaba en las cavernas, pero sentía la necesidad de decorarlas artísticamente, para lo cual necesitaba crear elementos apropiados. Las mismas hachas y punzones estaban adornados con figuras de animales. La ingeniería se identificaba con todo aquello no inmediato para sobrevivir, como hoy un televisor o un automóvil. **La ingeniería nació con el hombre**.

Alcanzada la edad del paleolítico caracterizada por la técnica del pulimento, se complacía en fabricar objetos de adorno. La alfarería primero y luego la cerámica motivaron la invención del torno.

Avanzando mucho en el tiempo, en Egipto, las alhajas, el peinado y los cosméticos revelaban que el hombre se preocupaba por lo superfluo. Así vamos viendo que la *edad paleolítica* (de la piedra) es seguida por la *edad neolítica* (de la piedra pulimentada) y finalmente llegamos a la *edad de los metales* (oro, cobre, bronce e hierro). Nosotros nos atrevemos a pronosticar que la edad por la cual transitamos, tal vez sea llamada por los historiadores del futuro, la **edad digital**, o mejor, **edad de la ingeniería**.

Cronologicamente vinieron luego el dominio del fuego, la agricultura, la cerámica, la arquitectura, la medicina, todo en medio de un crecimiento del comercio. Los fenicios fueron, con su espíritu de empresa, los creadores de la sociedad industrial. Organizaron fábricas y llegaron a contratar servicios públicos con estados extranjeros, una especie de globalización de aquel entonces. Durante mucho tiempo fueron los unicos marinos del Mediterráneo y para construir sus naves, verdaderas obras de ingeniería naval, no necesitaron los auxilios de ningún científico. Posteriormente, en la era de la cultura helénica, se consolidó el *"homo sapiens"* con Aristóteles, Sócrates y Platón, precursores de la Filosofía. En este período el *"homo faber"* fue bastante menospreciado, concepto que todavía la intelectualidad humanista de hoy arrastra como vieja reliquia.

Deteniéndonos un poco en el Renacimiento como gran motor de realizaciones que dieron base a muchas ingenierías actuales, recordemos que ese tramo de la historia tuvo tres períodos. El primero, fue esencialmente humanista y llena casi todo el siglo XIV con la literatura en sus lenguas románicas. El segundo en el siglo XV, cuando se descubre América, que es esencialmente náutico. En el tercero brillan Filipo Bruneleschi en la arquitectura y Leonardo Da Vinci en la ingeniería, que producen verdaderos avances.

Sin pretender avanzar en un relato histórico, nos parece que lo dicho hasta aquí, es revelador de que la ingeniería apareció junto al ser humano civilizado, como una de sus muchas manifestaciones. Por ello nos parece útil recordar lo que dice el profesor norteameriano Paul H. Wright[2] en su obra **"Introducción a la Ingeniería"** en su prolija versión al castellano, y que citamos a continuación.

"La ingeniería no debe su existencia a un decreto real ni fue creada por alguna legislación. Ha evolucionado y se ha desarrollado como un arte práctico y como una profesión a lo largo de más de cincuenta siglos de historia documentada. En sentido amplio, sus raíces pueden remontarse hasta el nacimiento de la civilización misma y su progreso ha sido paralelo al progreso de la humanidad".

Tan exacto es todo esto que -como cita también el profesor Wright[2]- en la misma civilización mesopotámica del Tigris y el Eufrates, el fundamental *Código de Hammurabi* contiene un *"Código de la Construcción"*. En el mismo se responsabiliza severamente al constructor de una casa -el ingeniero de ese entonces- de los daños que produzca una obra mal ejecutada. En Egipto, unos 2000 AC, murales encontrados muestran trabajos del *"superintendente egipcio"*, una especie de ingeniero de las colosales obras faraónicas.

La historia está jalonada hasta nuestros dias de grandes obras de ingeniería civil y de sorprendentes mecanismos, todos de utilidad al hombre por ese afán de construir, tan diferente al afán del científico, que es conocer. Siguiendo con el profesor Wright y mirando al futuro, los ingenieros deberán enfrentar problemas muy importantes, entre los que caben mencionar los que siguen.

- Descubrimiento de fuentes alternativas de energía que sustituyan a los menguantes suministros mundiales de carbón y petróleo (fósiles).
- Desarrollo de formas de mantenimiento y rehabilitación de la enorme infraestructura de obras públicas en deterioro.
- Un mayor desarrollo de la tecnología de microcomputadores y extensión de sus aplicaciones.

1.4.2 Ingeniería en Argentina

El primer diploma de ingeniero se entrega en Argentina el 6 de junio de 1870 a Luis Augusto Huergo, pero la historia de la ingeniería en Argentina, había comenzado mucho antes. Para un análisis histórico es buena referencia el libro del ingeniero Alberto Plinio Lucchini[28]. Este trabajo lo llevó a la práctica dicho autor, en base a una recopilación de documentacion muy variada, principalmente de la entidad editora y por iniciativa del que fuera presidente del Centro Argentino de Ingenieros, el ingeniero Alberto Costantini. De esa obra se obtuvo la información para construir el breve resúmen que se cita a continuación.

En 1580 Juan de Garay funda por segunda y definitiva vez la ciudad de Buenos Aires a orillas del Río de la Plata. Puede decirse que en esa época se inicia una forma organizada de vida social en lo que hoy es Argentina y por lo tanto, aparecen los requerimientos de ingeniería. En 1594, ante el peligro de un ataque inglés, se decide construir un fuerte en Buenos Aires y lo proyecta en España el ingeniero militar Cristóbal de Rodas. El diseñador nunca logró viajar, por lo que un italiano que había estudiado en Florencia arquitectura militar y artillería, Bathic de Filicaya, llega a Buenos Aires en 1611 y acelera las obras, pero fallece en 1635. La escasez de ingenieros militares en España hace que a lo que hoy es Argentina, no llegasen estos profesionales por mucho tiempo. Recién el 3 de julio de 1702 llega a Buenos Aires el gobernador Alonso Juan de Valdés e Inclan, trayendo al primer ingeniero militar graduado, el gallego José Bermúdez de Castro, egresado de la Academia de Flandes. Además, elaboró planes de relevamiento de la ciudad de Buenos Aires. En 1717 llegó un jóven ingeniero de nombre Domingo Petrarca, que cumplió una fecunda labor.

Después de esas épocas llegan al Río de la Plata varios ingenieros militares, incluyendo uno del ejército de Napoleón. La situación de la colonia española demandaba obras de defensa, hasta que viaja Pedro Antonio Cerviño, natural de Pontevedra, que realiza una importante labor cartográfica y de ingeniería variada. Cerviño fue un gran organizador, llegando a preparar una academia de matemáticas, con asignaturas precursoras de la ingeniería y arquitectura, aunque de poca duración.

Hasta 1835 se hacen muchas obras, principalmente de ingeniería civil, cartografica y urbanismo pero, además, para esa época se inicia la industrialización con un establecimiento metalúrgico, una fábrica de cocinas en 1838. Para 1844 existe una fábrica de papel y en 1845 el primer molino a vapor, con su caldera y sus máquinas. Para esos tiempos se mencionan las figuras de los ingenieros Carlos Enrique Pellegrini y Felipe Senillosa como figuras destacadas.

Por razones históricas y políticas, el desarrollo argentino no se manifiesta demasiado hasta cerca de 1870 en que comienza -con la reconstrucción del país al sancionarse la Constitución Nacional en 1853- una etapa de progreso y prosperidad para un pais que requiere de una ingeniería vigorosa. Una nación relativamente pequeña alcanzó, no obstante, a contar con 45.000 kilómetros de ferrocarriles. En esas obras se destacan los ingenieros Augusto Ringuelet, Otto Krause y Santiago Brian. También se construyeron grandes puertos como el de Buenos Aires, sobre los estudios del ingeniero Luis Augusto Huergo y el empuje de un comerciante de nombre Eduardo Madero. Se construyen elevadores de granos para exportar la importante producción agropecuaria. Los tranvías eléctricos aparecen en la ciudad de La Plata en 1892 y en 1897 en Buenos Aires. En 1913 se inaugura la primera línea de trenes subterráneos en Buenos Aires que es la primera de América latina. El sistema de agua potable contó con una figura destacada en el ingeniero Guillermo Villanueva.

La explotación petrolera comienza con el descubrimiento el 13 de diciembre de 1907, por una comisión que dirige el ingeniero Rómulo Quartino. Luego se encuentra petróleo en Plaza Huincul y en otros puntos del país. Se construye una red carretera importante, que para 1921 contaba con 15.884 kilómetros. La producción de energía eléctrica sobre la base de máquinas termicas se consolida y también se construyen centrales hidroeléctricas. Muchas industrias, como la del cemento, progresan y se perfeccionan. Todo esto hace que las universidades establezcan escuelas de ingeniería que alcanzan buen prestigio. La primera y segunda guerras mundiales, al impedir al pais la importación de muchos productos esenciales, incentiva el crecimiento industrial y el empleo de ingenieros. En la actualidad, con la globalización, el perfil del ingeniero requerido está cambiando, inclinándose hacia las empresas de servicios.

1.5 *Definiciones de ingeniería y de ejercicio profesional*

La velocidad de los cambios producidos en el mundo nos impone revisar muchos conceptos. Veamos nuestro enfoque actual, por medio de algunas definiciones que es conveniente tener en cuenta.

1.5.1   Ciencia, técnica y tecnología

Es muy corriente escuchar estos tres vocablos, pero su interpretación no siempre resulta clara. Para explicar algo sobre ellos, nos valemos de lo leído a Wolfgang Schadewaldt[26]. También a Fabio Esteban Seleme[29] y a definiciones habituales.

Ciencia es un cuerpo de doctrina metódicamente formado y ordenado, que constituye una rama particular del saber humano y que permite el conocimiento cierto de las cosas por medio del estudio de sus principios, causas y efectos.

Técnica es un fenómeno primitivamente humano, tan viejo como el hombre mismo y cuyo surgimiento es simultáneo con el mismo. Tanto es así, que existen quienes se preguntan si la técnica es un hecho histórico, o contrariamente, si es el principio de la historia. Dicho de otro modo, la pregunta es si la técnica es un hecho cultural o por el contrario, es el orígen de la cultura.

Pero de todos modos, intentando una definición, *la técnica* es el arte de transformar la naturaleza elemental que rodea al ser humano, creando una especie de *"sobrenaturaleza"*, o como dice Ortega y Gasset[11], una *"tecnonaturaleza"*.

La misión esencialmente humana de la técnica es transformar al medio que rodea al hombre, en función de sus necesidades y espectativas. La técnica le crea un mundo artificial, con sus beneficios, aunque también le acarrea dificultades. La técnica libera al hombre de su dependencia apática de la naturaleza. A su vez, influye sobre su vida social y también privada (tiempo libre, distracciones, disfrute de la naturaleza, etc.). La palabra proviene etimologicamente del latin, *technicus* y ésta, a su vez, del griego τεχνη, arte.

Tecnología es, en vez, el conjunto de procedimientos, obras, máquinas, aparatos y sistemas capaces de hacer progresar las técnicas, utilizando para ello la creatividad humana. La tecnología hace a la calidad de vida del ser humano.

Expresado de otro modo, el término **tecnología** cubre todos los aspectos de la relación entre los seres humanos con los objetos de su propia creación, de lo artificial. Es una vinculación entre el saber y el hacer.

Por ello, la tecnología no observa a los objetos desde el punto de vista científico, sino que los trata desde la perspectiva de su funcionalidad. Lo hace, eso sí, sirviéndose para ello del saber científico en muchas de sus ramas, pero siempre orientando dichos procesos técnicos hacia objetivos prefijados. Tal como hoy la concebimos, la tecnología es el resultado histórico de dos acontecimientos muy salientes. Uno de ellos fue la llamada primera revolución industrial, ocasionada - según muchos historiadores - por el invento de la máquina de vapor. Efectivamente, la máquina de vapor sustituyó claramente a la fuerza primitiva de los animales y también del hombre, estableciendo un cambio sustancial en la forma de producir elementos en grandes series y a menores costos. El otro acontecimiento fue la invención de los circuitos a base de transistores, que revolucionaron toda la técnica, al poder almacenar ordenes e informaciones en *su memoria*, para volcarlas luego, a voluntad, en procesos y momentos previamente determinados, accionando así en forma premeditada máquinas y mecanismos. El transistor, con su hijo predilecto, el *microchip*, origina la *robótica* y los fenómenos manuales son sustituidos por fenómenos intelectuales. Toda esta transformación obliga al hombre tener que estudiar más y además, a tomar de las ciencias fisicomatemáticas conocimientos que le permitan racionalizar mejor sus creaciones. ***Las ciencias no son la base de las tecnologías, sino simplemente las herramientas que economizan tiempo a los ingenieros que crean y operan las tecnologías.*** Todos estos hechos están llevando al hombre por un cambio cultural muy profundo, muy trascendente, cambio que lo están produciendo precisamente los ingenieros, que son quienes generan y operan las tecnologías. En el momento actual, las tecnologías enlazan a los materiales de la naturaleza, a las energías naturales, a la fuerza productiva de los seres humanos, a la creatividad del hombre, a las ciencias en general, a la economía, conjunto que en total se ha transformado en la herramienta para la tarea del ingeniero.

1.5.2 Ingeniería

No debe extrañar que incluyamos en este capítulo definiciones de ingeniería, dado que aquellas que nos inculcaron años atrás nuestros maestros, son hoy inaplicables o resultan notoriamente insuficientes. Quien haya ejercitado en forma efectiva la ingeniería, sea en el área de proyectos generales, proyectos ejecutivos, pro-

yectos de detalle, elaboración de especificaciones, atención de instalaciones, supervisión de procesos, dirección de obras, consultoría, desarrollo de productos, mantenimiento preventivo, conducción y administración de la producción, administración de obras, o
atención de servicios, ha conocido verdaderamente la ingeniería.
Por tales razones, tomamos primero el pensamiento de Hardy
Cross, el notable ingeniero norteamericano que ya por la década de
los años 20 desarrollo y comenzó a aplicar en la Universidad de
Illinois, Estados Unidos de Norteamérica, un método para resolver
estructuras hiperestáticas que lleva su nombre. Tan genial fue su
proposición, que por ser un método de aproximaciones sucesivas o
de iteración, es sorprendentemente semejante al actual de los
incrementos finitos, que da base a los programas de computación
actuales más conocidos para la resolución de estructuras. Nos
decía Hardy Cross, según leemos en la obra de los ingenieros
Ramón Soberón Curi y Rodolfo Neri Vela[27].

*INGENIERÍA es el arte de tomar una serie de decisio-
nes importantes, dado un conjunto de datos incompletos
e inexactos, con el fin de obtener, para un cierto problema, aquella entre las posibles soluciones, la que funcio-
ne de manera más satisfactoria.*

Quien haya ejercido efectivamente la ingeniería sabe muy
bien la verdad de Hardy Cross. Los datos de que se dispone nunca
son todos, ni son enteramente confiables. La ingeniería no es ciencia exacta como la astronomía. Es un *arte*. Además, el ingeniero
vive decidiendo entre varias soluciones, es decir, **tomando decisiones**, lo que implica la aplicación de *criterios*, que involucran a
la *voluntad* de las personas. **Arte, criterio y voluntad** son la base
del trabajo del ingeniero.

Para repasar otras fuentes, pasemos a citar la definición de
ingeniería que consideramos más adecuada para el tiempo actual.
Se trata de la que publicó el instituto norteamericano que se encarga de la acreditación de programas de ingeniería en ese país, el
ABET, Acreditation Board for Engineering and Technology (USA),
que la tenemos en la obra del profesor Paul H. Wright[2] ya citada
anteriormente.

INGENIERÍA *es la profesión en la que el conocimiento de las ciencias matemáticas y naturales adquiridas mediante el estudio, la experiencia y la práctica, se aplica con buen juicio a fin de desarrollar formas en que se puedan utilizar, de manera económica, los materiales y las fuerzas de la naturaleza en beneficio de la humanidad.*

Puede apreciarse a través de estas definiciones actualizadas, que la ingeniería es una profesión de perfiles propios, bien distinta a como antiguamente se la consideraba. Tan diferente es la ingeniería de la ciencia, que se hace menester en este estudio puntualizar bien esas diferencias, lo que hacemos en el tema 2.1.

Para dar un tinte local a las definiciones anteriores, mencionaremos ahora la definición elaborada por la Comisión de Enseñanza del Centro Argentino de Ingenieros, basada en un exámen de las diversas definiciones que internacionalmente existen. Debe advertirse que –todavía– esta definición es ***provisoria y en estado de revisión***.

INGENIERÍA *es la profesión que utiliza todos los recursos al alcance de hombre, conociendo y perfeccionando las aptitudes y relaciones de los mismos, con el fin de producir y gerenciar, sistemas socio-técnicos que provean bienes y servicios, para satisfacer necesidades de la hunanidad, elevar su calidad de vida protegiendo el ambiente mediante un desarrollo sustentable, todo sobre bases éticas y económicas. Para ello crea con arte y ciencia, aplicando conocimientos científicos y tecnológicos y metodologías matemáticas, experimentales e informáticas, partiendo de datos inciertos e incompletos.*

1.5.3 Ejercicio profesional

Es interesante examinar la definición de ejercicio profesional de la ingeniería que adoptó un grupo de naciones de nuestro continente americano y que nosotros proponemos tener muy en cuenta para Argentina, En la forma en que se están desarrollando los acontecimientos estratégicos de la política internacional, Argentina

-integrante por ahora del grupo económico Mercosur- es previsble que se integre a su vez dentro de una organización mayor que comprenda a toda América, que es la ya mencionada Asociación de Libre Comercio de las Américas, ALCA. Por ello, es importante observar lo adoptado por el NAFTA.

DEFINICIÓN DE EJERCICIO PROFESIONAL
(CCPE - Canadá Council Professional Engineering)
Definición adoptada por el NAFTA (North American Free Trade Agreement)

El ejercicio profesional de la ingeniería es cualquier acto de planificación, proyecto, composición, evaluación, asesoramiento, dictamen, directiva, o supervisión.

O el gerenciamiento de lo precedente, que requiera la aplicación de los principios de la ingeniería y que conciernan a la salvaguardia de la vida, la tierra, la propiedad, los intereses económicos, el bienestar público o el medio ambiente.

Se observa la objetividad de esta definición. Es muy abarcativa, a pesar de lo reducido de su texto, con gran sentido humanista y ecologista. Además, es específica del ingeniero que practica su profesión en la vida civil, lo que nos permite ver las diferencias con la ingeniería militar, que tiene objetivos y metodologías completamente diferentes. Esta última apreciación permite marcar una diferencia conceptual, que muchas veces origina confusiones. En una escuela de ingenieros civiles no se pueden formar ingenieros militares e, inversamente, en una escuela militar, no se pueden formar ingenieros para la vida civil. Como las fuerzas armadas en muchas naciones importantes –y en este momento está ocurriendo en España y Alemania– necesitan oficiales ingenieros por la gran tecnificación de la guerra moderna, toman ingenieros formados en universidades civiles exclusivamente y mediante un adecuado período de reclutamiento, los incorporan como oficiales ingenieros militares. Es oportuno recordar que la mayoría de los manuales de instrucción castrense indican que la profesión militar consiste en *"aniliquilar al oponente y destruir sus elementos por medio de la violencia, para disuadirlo de continuar combatiendo y someterlo"*. Si se compara este objetivo con la de definición del NAFTA, se comprende rápidamente la diferencia sustancial que motiva los comentarios que terminamos de hacer.

1.5.4 Etica profesional

Siendo la ética una parte de la filosofía que trata de la moral y de las obligaciones del hombre con sus semejantes, debe ser asunto importante para el ingeniero, que es un profesional que vive en contacto intenso con la sociedad. Por esta causa, conviene comentar lo que sigue.

Por Decreto Nº 1099/84 y por iniciativa del ministro ingeniero Roque Carranza se aprobó en Argentina el Código de Etica para las profesiones de la Agrimesura, la Arquitectura y la Ingeniería. El mismo comienza con el siguiente concepto:

Etica profesional es el conjunto de los mejores criterios y conceptos que deben guiar la conducta de un sujeto por razón de los más elevados fines que pueden atribuirse a la profesión que ejerce.

Resumiendo, los grandes títulos que encontramos en el Código de Etica de la República Argentina son los que se citan a continuación:

- Deberes del profesional para con la dignidad de la profesión.
- Deberes del profesional para con los demás profesionales.
- Deberes del profesional para con los clientes y el público en general.
- Deberes entre los profesionales que se desempeñan en la fución pública y los que lo hacen en la actividad privada.
- Deberes del profesional en su actuación ante contratos.
- Deberes de los profesionales entre sí por relación de jerarquía.
- Deberes de los profesionales en los concursos.

El Código de Etica contiene, además, una parte dispositiva de procedimientos para las causas de ética y sus correspondientes normas procesales. Las podemos encontrar resumidas en una publicación del Consejo Profesional de Ingeniería Civil[18].

1.6 Contornos de la ingeniería

Antiguamente, a los ingenieros se los encontraba principalmente desempeándose en las obras, las fábricas, los servicios públicos, las oficinas técnicas y la educación. Hoy esto ha cambiado y mucho. Por ello no resulta sencillo hacer una lista segura de los ámbitos en que nos habremos de topar con ingenieros. Pero tentativamente -y para Argentina- se puede hacer la nómina que sigue, con los comentarios que se acompañan en cada caso.

Tambien, vamos ahora a completar muchos puntos que nos quedaron pendientes al tratar los asuntos del capítulo 1.2.4, como ya fue anunciado al finalizar el mismo. Las principales misiones que hoy se le encargan a los ingenieros pueden estar contenidas en la siguiente lista.

> *Operar y controlar*
> *Mantener y conservar*
> *Planificar y organizar*
> *Prevenir y predecir*
> *Dimensionar y proyectar*
> *Construir y fabricar*
> *Instalar y hacer montajes*
> *Gestionar y administrar*
> *Concretar y evaluar*
> *Asesorar y peritar*
> *Medir y ensayar*

Las mismas pueden ser cumplidas en diferentes ámbitos y a eso vamos ahora.

1.6.1 Ambitos de ejercicio profesional

Si bien el espectro es amplio, veamos los ámbitos más frecuentes en que hoy encontramos a los ingenieros en Argentina.

Ingenieros en relación de dependencia

Actualmente es la forma más abundante de ejercicio profesional. Las empresas de producción de bienes emplean a muchos ingenieros, lo mismo que las industrias de todo tipo. También en la Argentina actual, las empresas de servicios cuentan en sus planteles con bastantes ingenieros. Las posiciones son muy variadas y anteriormente -al desarrollar los puntos 1.2.3 y 1.2.4- hemos hecho comentarios sobre estas posiciones y carreras. Por lo regular son responsabilidades técnicas o directivas. Los empleadores de los ingenieros suelen ser en estos casos grandes corporaciones empresarias, muchas veces multinacionales. También encontramos en esta situación a los ingenieros dentro de las administraciones a cargo del estado como ministerios nacionales y provinciales, direcciones generales de servicios, oficinas de los municipios, entes provinciales, entidades descentralizadas de control y otras muchas más.

En estas posiciones responden a las leyes laborales de todo empleado en cuanto se refiere a derechos y obligaciones. Cobran un sueldo con sus correspondientes beneficios sociales y tributan por medio de los descuentos de ley. Dentro de este esquema laboral, el ingeniero hace carrera en la empresa o institución, conforme sus vocaciones, sus méritos y la evolución misma de la entidad. En relación de dependencia, el ingeniero trabaja en proyectos, diseños, dirección de obras, líneas de producción, oficinas técnicas, supervisión, control de calidad, servicios públicos, auditorías técnicas, laboratorios, mantenimiento, cálculos, estudios, contratos, administración, almacenes, despachos, recepción de materiales, transportes, etc.

Ingenieros como profesionales libres o empresarios

Si bien la cantidad es sensiblemente menor, muchos ingenieros ejercen por cuenta propia y aquí se presentan dos posibilidades. Una, es el ingeniero que en forma independiente toma trabajos de proyecto, dirección de obra, mensuras, peritajes o estudios para un comitente. Por lo regular, sus instalaciones y medios son mas reducidos y puede subcontratar trabajos a pequeños grupos independientes como él. En estos casos, es corriente hacer un contrato de trabajo o un acuerdo adecuado a cada encomienda. La retribución es un honorario que se pacta conforme diversos factores como la carga horaria de trabajo y las responsabilidades emergentes. Otra, es el ingeniero que se establece por su cuenta y riesgo con una empresa consultora o industrial o de servicios, inclusive aportando capital propio o por crédito bancario. En este último caso se establece en una forma que se ha dado en llamar en casi todo el mundo, como las pequeñas y medianas empresas (PYME). Evolucionado desde esa base, puede alcanzar dimensiones no previstas al principio, o desaparecer.

Ingenieros en la educación

Muchos ingenieros tienen vocación docente e ingresan a escuelas o universidades en calidad de asistentes para llegar a pro-

fesores, haciendo carrera y finalmente asumir posiciones de dirección. En este caso también se pueden presentar dos situaciones. El
ingeniero puede trabajar con dedicación exclusiva a la educación o
también con dedicación parcial. Este último caso es frecuente en
Argentina -no así en otros paises- ya que ingenieros que se desempeñan en empresas o por cuenta propia, consiguen organizar su
horario semanal e intercalar en el mismo, un pequeño tramo de
tiempo libre para concurrir a la universidad o una escuela y atender labores docentes. Esta forma de trabajar tiene sus ventajas y
sus inconvenientes. Muchos empleadores no aceptan esta doble
función y en bastantes casos la niegan, porque desean al ingeniero dedicado totalmente a su empresa. Algunos empleadores, sin
embargo, aceptan esta doble función, porque para la empresa es
un factor de prestigio contar con ingenieros que en la universidad
viven el mundo académico y están en contacto con investigadores
y estudiosos, lo que reporta beneficios directos e indirectos, porque tienen un agente colocado en el lugar mismo de las innovacio-
nes. Para la educación, en el otro campo, es siempre beneficioso,
dado que el ingeniero que está ejerciendo su profesión, lleva a los
establecimientos educativos vivencias que son transferidas al
alumnado en forma directa e inmediata. La vida profesional siempre está más al día que las revistas y los libros y el profesor que
ejerce la profesión al mismo tiempo, transmite una carga de realidad que el alumnado percibe y acepta muy bien. Los profesores
dedicados exclusivamente a la universidad suelen perder ese sentido tan particular de la realidad que, en la formación de los ingenieros, es fundamental.

Ingenieros en la investigacion y desarrollo

La investigación y desarrollo -ahora se acostumbra a abreviar
(I+D)– se practica en muchos más lugares de los que se sospecha
a primera vista. Actualmente se está difundiendo la abreviatura
(I+D+I), que involucra investigación, desarrollo e innovación. Habitualmente se piensa en la universidad como foco central de esta
actividad, lo que es completamente acertado. Una de las misiones
de la universidad es la búsqueda del conocimiento y en sus gabinetes de estudio y en sus laboratorios de todo tipo, se hace
(I+D+I). Esto está a cargo de profesores que a la vez son investigadores, aunque en muchos casos, hay investigadores que no
hacen enseñanza y vice versa. Sobre esto hay matices. Algunas
universidades son esencialmente *"profesionalistas"*, es decir, su

preocupación más saliente es formar recursos humanos para el ejercicio de la ingeniería profesional, creando los futuros especialistas y los futuros gerentes con la vista puesta en las necesidades reales de las empresas, conforme explicamos en el esquema del tema anterior 1.2.4. Algunas de estas universidades cumplen esta misión en las llamadas *facultades de ingeniería*. Sin embargo, esta misma misión se la encuentra también en los llamados *institutos tecnológicos o en escuelas técnicas superiores,* siendo necesario remarcar difencias entre unas y otros. Las *facultades de ingeniería* son parte de un todo –la universidad– y por ello suelen tener reglas algo más generales y amplias para el sentido cultural de la formación otorgada a sus ingenieros. Los *institutos o escuelas* son culturalmente más parcializadas, más específicas y no pretenden la globalización de la cultura, sino tan solo la cuota que se corresponde con las necesidades del futuro profesional en su campo. Esto último se nota particularmente en los *institutos militares*, donde los temas de la ingeniería que se estudian, se aplican exclusivamente al arte de la guerra y sus consecuencias. En las *facultades de ingeniería* los temas se enfocan esencialmente para su aplicación pacífica en la vida civil, sin violencia, buscando preservar la vida humana y los bienes de las personas, sin el propósito de destruirlos, como hemos explicado más arriba. No es así en los *institutos o escuelas militares,* en que las hipótesis de conflicto obligan a una aplicación de la ingeniería, que esencialmente está orientada a la destrucción física del oponente para obligarlo a desistir de resistir y entregarse. La diferencia entre la *ingeniería de uso civil* y la *ingeniería de uso militar* es muy marcada, resultando por ello incompatibles e imposibles de conciliar en un mismo instituto.

Sin embargo –y como lo comentaremos más abajo en el tema 2.1. al tratar la diferencia entre ingeniero y científico– tanto en las *facultades de ingenieria* como en los *institutos o escuelas* solemos ver que se hace (I+D+I) y sobre esto conviene agregar algunos conceptos más. Como más adelante explicaremos durante el capítulo 2, esta misión no tiene una frontera definida entre ciencia e ingeniería y esto trae aparejadas no pocas confusiones. Hay científicos que colaboran en trabajos de (I+D+I) propios y característicos de la ingeniería, como también hay ingenieros trabajando en (I+D+I) para las ciencias puras. Encontramos científicos que creen hacer ingeniería e ingenieros que creen hacer ciencia. También ocurre lo mismo en los organismos específicos llamados muchas veces de *ciencia y técnica*, lo que trae no pocas equivocaciones conceptuales. También se hace (I+D+I) en empresas de fuerte desarrollo innovativo, donde la competencia obliga a estar en un estado frenético de innovación para no perder posiciones en el mercado.

Pero lo que habitualmente no se comenta, es que los ingenieros desde hace siglos, desde la aparición del hombre como creador de utensilios para mejorar su vida, ejecutan (I+D+I) al realizar sus proyectos, al ejecutar sus obras y al operar sus sistemas. Esto que ahora se llama pomposamente (I+D+I) otorgándole un sentido casi místico, es lo más natural verlo ejecutar a los ingenieros, desde aquellos que proyectaron las pirámides de Egipto hasta en los que actualmente diseñan las paletas para una turbina a gas, pasando por las genialidades de Leonardo da Vinci o la máquina de vapor de Watt. El proyecto general, el proyecto ejecutivo y el proyecto de detalle de cualquier obra, es (I+D+I). El diseño de todo producto industrial es (I+D+I), hasta un simple envase. La tarea diaria de un ingeniero de mantenimiento preventivo de una destilería de petróleo, que pareciera rutinaria, es (I+D+I). Lo que es diametralmente opuesto es la fuente de fondos para (I+D+I) según quien la lleva a la práctica. En las universidades y en los institutos de ciencia y técnica, esos trabajos innovativos se financian con subsidios especiales, o con fondos para la investigación, o con donaciones, o con las partidas presupuestarias de la misma universidad. En cambio, la (I+D+I) que hacen los ingenieros todos los días sin estridencia alguna, es financiada con los resultados del conjunto en sí mismo y debe amortizarse necesariamente. Además -y esto es fundamental- tiene fechas de entrega fijas e improrrogables. Esto último le confiere un sentido particular que debe remarcarse. La (I+D+I) que diariamente hacen los ingenieros no es la lírica de la ciencia y por la ciencia, como curiosidad natural del ser humano por conocer los secretos de la naturaleza. La (I+D+I) de los ingenieros se debe amortizar y debe estar en plazo de entrega, lo que le confiere a la (I+D+I) que todos los días hacen miles de ingenieros en el mundo, un sentido de compromiso muy rígido, al que jamás se vería sometido un cientifico.

Ingenieros en campos lindantes con la ingeniería

Le escuchamos decir en una conferencia al matemático argentino Luis Santaló algo importante, que tratamos de reproducir en lo que sigue, palabra más, palabra menos, sobre la base de nuestra memoria solamente. Merece saborearse la forma de decir, característica de su orígen catalán.

> *"Estamos en la época de las disciplinas mixtas. Toda ciencia, al extenderse, "entra en contacto con otras y aparecen zonas interdisciplinarias, cada vez más "importantes, pero siempre difíciles de comprender y valorizar, por no ajustrase a "ninguno de los esquemas de las ciencias colindantes. Psicomatemática, "biomatemática, informática, cibernética y varias otras, son nuevas ramas del "saber, algunas todavía a medio edificar sobre tremendales que necesitan ser "considerados bajo ángulos muy amplios, sin prejuicios misoneístas, ni ligeros "optimismos novadores."*

El pensamiento de Santaló es perfectamente aplicable a la ingeniería con relación a diversas disciplinas colindantes. Pero curiosamente, es también aplicable a las diversas especialidades u orientaciones de la ingeniería. Por un lado, los ingenieros **deben siempre hacer economicamente posibles sus obras**. Esto lleva consigo la necesidad de que el ingeniero -en cada uno de sus actos- deba considerar su precio, su rentabilidad, su amortización, sus costos de mantenimiento y su financiación. Esta necesidad obliga al ingeniero a trabajar con la mira puesta en la economía. El análisis económico de sensibilidad de una gran obra de ingeniería preparado por un economista en la soledad de su especialidad, es algo tan abstracto y abstruso, que solo tiene como destino el fracaso, al no poder tener en cuenta infinidad de detalles que el ingeniero conoce, pero el economista nó. Algo similar le ocurre a un abogado que está redactando el contrato para construir una obra con precios variables en épocas de inflación. En el otro aspecto citado, para el tiempo actual, no creo que alguien pueda trazar con claridad la línea que divide la ingeniería industrial de la ingeniería química, o la que separa la ingeniería eléctrica de la electrónica. La misma robótica es un ejemplo claro e indiscutible de una conjunción de especialidades. Por ello que observamos con preocupación como en Argentina han proliferado los títulos de ingeniero, uno para cada especialidad, cuando esas especialidades en lo que dura la vida de un ser humano, cambian tanto, que descolocan al graduado en la mitad de su carrera. Solo la educación contínua tiene la solución a este problema, sumado a una formación de base elástica y polivalente, lo que no quiere decir, enciclopedista.

Ingenieros fuera de la ingeniería

La capacidad de análisis y la capacidad de síntesis que confiere el estudio de la ingeniería, es aplicable a muchas tareas del mundo moderno y hace que los ingenieros se muevan con gran soltura en disciplinas que le son ajenas, pero que asimilan rapidamente. Un ejemplo típico es la gestión bancaria. Cada vez más observamos a ingenieros que -con adecuados cursos complementarios- se desempeñan en diversas las áreas de los bancos y de los seguros. Estas capacidades suelen verse frenadas por pruritos nacidos en las mismas escuelas de ingenieros, particularmente, en las estapas iniciales, cuando el estudiante está más en contacto con científicos que con ingenieros profesionales. Algo semejante ocurre a un ingeniero que penetra en el campo de la medicina, donde se encuentra con sistemas cada vez más ingenieriles, que lo obligan a estudiar temas complementarios de medicina.

Nos atrevemos a declarar que las condiciones intelectuales que tiene un ingeniero, le permiten abordar un universo muy vasto de asuntos no específicos de la ingeniería.

Ingenieros en las ventas

Vender una máquina automática para ensamblar automóviles, no es asunto que se pueda confiar a un experimentado vendedor de cepillos a domicilio, para usar una imagen un poco risueña. Vender una central hidroeléctrica es asunto serio, no solo por el monto elevado de la obra y sus componentes, sino por la cantidad de conocimientos que es necesario tener. El cliente sabe mucho del asunto y el vendedor debe saber, por lo menos, lo mismo. Para tener éxito, debe saber más.

En las universidades, la venta técnica fué siempre un asunto bastante descalificante. Un ingeniero que se dedicaba a las ventas, en la universidad era visto con recelos por considerarlo en un plano inferior. Era la tarea para los que no alcanzaban los altos limbos de las esferas cientificas, los incapaces de preparar un *paper* para una revista técnica de renombre. Hoy esto está cambiando y muchos de los ingenieros que pasaron por los departamentos de ventas, alcanzaron luego las gerencias generales de una carrera más que exitosa.

También, es absolutamente legítimo encontrar ingenieros trabajando en economía o en derecho. En Argentina, dentro los elencos de economistas de renombre, vemos a muchos expertos que son ingenieros por formación. Esto confirma las tendencias actuales en materia de ámbitos en que se desempeñan hoy los ingenieros. La inversa, que un economista por formación aparezca en funciones técnicas específicas de proyectos, dirección de obras, concepción de productos, operación de la producción, no son casos conocidos.

1.6.2 Empresa como ámbito natural

El lugar más común para el ejercicio profesional del ingeniero actual es la empresa moderna y merece le dediquemos unos párrafos a la misma. Es menos frecuente el ejercicio profesional en forma libre, en forma parecida al caso del abogado, el contador o el médico. También es bajo el pocentaje de ingenieros que trabajan en investigación y esto lo comprobaremos enseguida.

Primeramente, demos un vistazo a la situación de las empresas en este mundo desregulado y globalizado. El panorama que se nos presenta podemos resumirlo como sigue, empleando una serie de conceptos relacionados con las empresas. Sobre este argumento, hemos recurrido a ideas del licenciado Miguel Angel Punte[22] y también elementos encontrados en la obra del profesor Paul H. Wright[2]. Con ambos documentos, sumados a nuestras propias experiencias, hemos confeccionado lo que sigue en este tema.

La empresa actual considera:

✓ El escenario:
  Es el país en el que actúa, pero dentro del mundo

✓ Los espectadores:
  Son los clientes y la competencia

✓ Los actores:
  Son las personas que componen las empresas

✓ El libreto:
  Son los objetivos globales del negocio de cada empresa

Las coordenadas generales de cada empresa

❏ **Operativas**

Tareas específicas
Control de calidad y de gestión
Mejora continua y desarrollos innovativos

❏ **Estratégicas**

Rentabilidad y objetivos
Planeamiento integral
Observación atenta de la cadena:

→ *Abastecimiento* → *Producción* → *Cliente*

❏ **Organizativas**

Dimensión optima
Equipos de trabajo
Conducción y delegación

Como el ser humano es la base de todo, veamos como está situado en la empresa. Para ello puede ser conveniente consultar la obra del ingeniero Juan A. Pardo[25].

Las coordenadas del personal que actúa en cada empresa

● **Profesionales**

Habilidades específicas
Capacidad de actualización
Flexibilidad ante los cambios

● **Personales**

Comunicación en todas sus formas
Adaptación a equipos multidisciplinarios
Capacidad de liderazgo y autonomía

● **Humanas**

Realización personal integral
Contribución al bien común
Conciencia social del trabajo

El repaso de este listado nos ubica en forma sintética en ese mundo tan particular que es la empresa moderna, en donde proponemos tener en cuenta lo que sigue.

El ingeniero no puede ignorar el resultado de los balances, pero simultaneamente, debe tener en cuenta a las personas.

TABLA 1.1 Ingenieros empleados en USA, por campo principal y actividad laboral básica (en porcientos)

ACTIVIDAD BASICA	Aeronáut. y Astronáut.	Química	Civil	Eléctrica y Electrónica	Industrial	Mecánica
Investigación Básica	0,8	0,7	0,1	0,4	0,2	0,6
Investigación Aplicada	7,5	5,4	2,1	3,9	0,8	2,9
Desarrollo (Proyectos)	38,4	31,8	15,0	37,5	17,7	38,2
Administración de la investigac. y el desarrollo	20,0	10,3	4,5	14,4	5,5	10,6
Otros tipos de Administración	11,9	23,7	31,8	16,2	31,3	20,4
Enseñanza	2,3	1,3	2,0	2,1	2,7	2,1
Consultoria	1,6	2,7	15,3	3,5	2,7	4,5
Producción, Inspección	8,9	17,4	22,0	15,2	28,0	15,0
Información, Trabajos estadísticos, computación	4,9	2,9	4,1	3,7	6,5	1,9
Otras formas	2,4	2,6	1,4	2,1	3,4	2,3
No especificada	1,3	1,2	1,7	1,0	1,2	1,5
TOTALES	100,00	100,00	100,00	100,00	100,00	100,00

Mediante datos que encontramos en la obra del profesor Paul H.Wright[2], vemos como es la situación en su país, con relación a la forma en que distribuyen los ingenieros, en Tabla 1.1.

Los datos corresponden a la **U.S. Scientists and Engineers,** 1984; **Surveys of Science Resources Series, Selected Stadistical Tables, National Sci-ence Foundation, Washington, DC.** El panorama es muy llamativo.

Merece prestarse atención a los números mayores. **Señalan que la mayor parte de los ingenieros en los Estados Unidos de Norteamérica, trabajan en proyectos, administración y producción**.

Dentro de cada empresa vemos a los ingenieros en tareas muy variadas. Intentemos un listado de las mismas, que de ninguna manera pretende ser completo.

TABLA 1.2 *Tabla de responsabilidades comunes de ingenieros en empresas.*

Ejecución de proyectos	Enseñanza
Control de resultados	Puesta en servicio
Dirección de trabajos	Dibujos y diseños
Administración en general	Especificación de compras
Operación servicios públicos	Dirección de reparaciones
Operación de las existencias	Planeamiento de métodos
Investigaciones	Dimensionamientos
Replanteos	Organización de trabajos
Preservación de la biosfera	Organización de la producción
Reglamentación de servicios	Operación plantas
Asesoramiento a directorios	Dirección personal
Calculo de costos	Operación de programas
Programación en informática	Ventas técnicas
Control de la calidad	Capacitación del personal
Compras en general	Presidencia de directorios
Ejecución del mantenimiento	Conducción de sectores
Organización del transporte	Medición de resultados
Conducción de empresas	Preservación de la seguridad

Frente a esto cabe preguntarnos que es hoy un ingeniero. La respuesta está dada en lo explicado en los temas del capítulo anterior 1.2, pero desde la época del trabajo tayloriano hoy superado, las empresas han evolucionado mucho. Hoy esperan de sus ingenieros una serie de cualidades que se deben cultivar desde la universidad, y que son las que siguen.

Actitudes esperadas hoy por la empresa de sus ingenieros

- *No hacerse el desentendido social*
- *Cuidar la biosfera*
- *Actuar con flexiblidad frente a funciones diversificadas*
- *Tener gran adaptación a la movilidad*
- *Comprender la totalidad del negocio de la empresa*
- *Aceptar que nunca se tienen todos los datos necesarios*
- *Practicar una buena comunicación oral y escrita*
- *Transponer las fronteras idiomáticas*
- *Aceptar el trabajo en equipos multidisciplinarios*
- *Atender con naturalidad una realidad caótica y ambigua*
- *No esperar nunca instrucciones precisas*

El cuadro ocupacional de los ingenieros en Argentina es sumamente difícil de presentar, por diversas causas. En primer lugar, la situación mundial de la economía repercute fuertemente sobre un país que, por su dimensión, no puede gravitar sobre los mercados internacionales. Debe aceptar un puesto modesto en el conjunto, respetando reglas que muchas veces no le favorecen. En segundo lugar, luego de un largo período de economía general regulada por el estado, y de empresas deficitarias de ese estado cuyos quebrantos se cubrían con emisión monetaria, la ingeniería se encuentra en una etapa de reconversión que puede durar, quizás, una generación completa. Por lo tanto resulta dificultoso entregar cifras estadísticas afectadas por esos dos importantes factores. Sin embargo, a solo título orientativo, veamos como las empresas argentinas presentaban sus cifras.

Examinemos primero la **demanda de ingenieros** sobre la base de datos de la firma **Bertoni y Asociados**, que fueron publicados por el **Consejo Profesional de Ingeniería Industrial**[30]. Las cifras están redondeadas y han sido **obtenidas de avisos en los periódicos**, con datos de 1995.

TABLA 1.3 *Algunos datos sobre demanda de ingenieros en Argentina.*

DEMANDA DE INGENIEROS	PORCIENTOS (%)	
Demanda por áreas funcionales		
Gerencia general	0,1	
Comercialización	13,3	
Operaciones	44,8	
Relaciones industriales	3,4	
Administración y financiación	22,0	
Sistemas y computación	15,9	
Compras	0,5	
Demanda por niveles jerárquicos		
Gerencia general	0,1	
Alta gerencia	3,2	
Gerencia media y jefaturas	11,2	
Supervisión	21,4	
Nivel medio y especialistas	64,1	
Demanda, en general, de graduados universitarios		
En ciencias económicas	13,9	
En ingeniería	14,9	
Restantes carreras	22,2	
Subtotal de graduados universitarios		51,0
Graduados no universitarios	15,0	
Sin especificación de educación requerida	34,0	
Subtotal de otros		49,0

Se observa que muchos ingenieros son requeridos en Argentina para actuar en campos no precisamente tradicionales, y para posiciones directivas y de gerencia, lo que reduce la vieja tendencia a pensar en el ingeniero como un diseñador y constructor de obras solamente, como profesional ajeno a los hechos generales de la sociedad. La opinión pública muchas veces lo confunde con un inventor. De esa tendencia derivan muchos requerimientos para su formación actual, y no pocas dudas sobre como resolverlos.

En las jornadas que realizó sobre **Formación de Ingenieros** el **Centro Argentino de Ingenieros,** en 1995 con motivo de la "Semana de la Ingeniería Argentina", diversos altos funcionarios de empresas explicaron en conferencias la situación en que se desenvolvían. Cada empresa los presenta conforme sus modalidades internas en tabla 1.4.

TABLA 1.4 *Ingenieros en empresas argentinas*

Empresa	Cantidad de ingenieros con relación a:
ALPARGATAS	48 % Jerárquicos 56 % Alta gerencia 38 % Media gerencia
MOLINOS	36,7 % Universitarios 18,1 % Empleados 26,3 % Directivos
SHELL	38 % Universitarios 10 % Empleados
UNILEVER	24 % Ingenieros 3,75 % Empleados
TECHINT	61 % Directivos 71 % Jerárquicos
TELECOM	57,7 % Universitarios 16 % Directivos nivel 1 40 % Directivos nivel 2 34 % Directivos nivel 3
ATANOR	51 % Universitarios 5 % Empleados 50 % Directivos nivel 1 39 % Directivos nivel 2 50 % Directivos nivel 3
DUPERIAL	49 % Universitarios 10 % Empleados 0 % Directivos nivel 1 3 % Directivos nivel 2 22 % Directivos nivel 3
ALUAR	75 % Universitarios 16 % Empleados 50 % Directivos nivel 1 50 % Directivos nivel 2 47 % Directivos nivel 3
SIEMENS	70 % Universitarios 12 % Empleados
I B M	60 % Universitarios
LEDESMA	57 % Universitarios 3 % Empleados 45 % Directivos nivel 1 69 % Directivos nivel 2 47 % Directivos nivel 3

Puede observarse también aquí que en las empresas argentinas, una apreciable cantidad de ingenieros tiene funciones directivas o gerenciales. No debe extrañar que así sea. El ingeniero moderno es cada vez más seleccionado para esos cargos, lo que **debe tomarse como una tendencia**. El país, al no tener una industria innovativa o de vanguardia, emplea a sus ingenieros más en la **conducción** que en la **creación**. Esto resulta un indicador a tener en cuenta por los catedráticos, sobre cuales deben ser las líneas directrices de la educación. El caso daría lugar a diversas interpretaciones políticas, en cuanto se refiere a la falta de ingenieros dedicados a crear nuevas ingeniería. Pero si se vuelve atrás al cuadro de los ingenieros en los Estados Unidos de Norteamérica, resulta que el número de ingenieros dedicados a investigación y desarrollo en un país de primera línea tecnológica, no resulta tan significativo, con relación a los que operan la ingeniería.

1.6.3 Ingeniero profesional e ingeniero científico

Un asunto que mucho nos preocupa y que la universidad frecuentemente deja de lado, es la realidad de como se dividen los ingenieros desde otro punto de vista. Por un lado tenemos al **ingeniero profesional** y por otro al **ingeniero científico.** Examinemos este aspecto en forma crítica a través de las **misiones** que se le encomiendan a cada uno de ellos.

Los **ingenieros profesionales de grado** son los que tienen por misión atender **los proyectos, las obras, la producción y los servicios.** En general, emplean la ingeniería conocida y consolidada y en su trabajo producen avances y mejoras en las ingenierías conocidas y consolidadas.

Por esa causa se los encuentra preferentemente en las empresas y en las organizaciones del estado, en posiciones que hemos relatado en el capítulo anterior. En verdad, desde un punto de vista general, **los ingenieros profesionales son los que hacen funcionar y mantienen en operación a los componentes básicos de los países, sus industrias y sus servicios esenciales.** El grueso de los graduados toma este camino, porque en él están las mejores ofertas ocupacionales y con una carrera abierta hacia las gerencias y las direcciones empresarias.

Los ***ingenieros científicos*** tienen por misión la ***investigación y los desarrollos innovativos***, ***la profundización teórica y la docencia,*** es decir, crean los nuevos elementos de la tecnología, la hacen progresar y cumplen la función educativa de diseminarla.

Los ingenieros científicos tienen diferentes ámbitos de trabajo, si se los compara con los ingenieros profesionales. En general se los encuentra en las universidades y sus institutos de investigación. Desde allí trabajan indagando nuevas tecnologías, sea por iniciativa propia, como por encargo de empresas o entidades varias. Producen publicaciones para el avance de las ciencias y las tecnologías. Los ingenieros científicos también se desempeñan en los organismos de ciencia y técnica, por lo regular del estado, aunque en esos casos, su labor es más próxima a la ciencia que a la técnica. Por lo regular, comparten con los científicos muchas tareas.

Finalmente, este tipo de ingeniero científico también se lo suele encontrar en las empresas con fuerte compromiso competitivo. Las empresas a las que el mercado les impone un estado contínuo y casi frenético de necesidad de entregar novedades al mercado consumidor.

Las tareas habituales que ejecutan los ingenieros cientificos son entonces la investigación pura o aplicada, los desarrollos innovativos, el estudio de nuevos productos, materiales y componentes, nuevos métodos y la carrera docente.

Según como se percibe que se están desarrollando los acontecimientos en el mundo y para un pais como Argentina, los ingenieros profesionales se debieran formar por medio de las carreras de grado, mientras que los ingenieros científicos debieran obtenerse a partir del grado, más un posgrado agregado. Los posgrados pueden ser las maestrías (el vocablo máster se ha castellanizado y puede usarse), los doctorados y los cursos de especialización.

Tanto los ingenieros profesionales como los ingenieros científicos en el momento actual, deben sostener sus conocimientos por medio de la ***educación contínua***, sin la cual, es imposible conservar una visión actualizada de la ingeniería.

1.7   Forma de vida de los ingenieros

El ingeniero en Argentina es, ante todo, un universitario de formación cultural completa y espectro amplio. Esto es bueno aclararlo por adelantado debido a que historicamente en algunos paises, la palabra ingeniero puede tener otras interpretaciones. También en Argentina, la palabra ingeniero se aplica a ciertos oficiales técnicos de las fuerzas armadas, pero nosotros nos estamos refiriendo a un universitario de la clase dirigente civil, formado integramente en universidades civiles exclusivamente, como más arriba hemos explicado en el punto 1.5.3. Repasando las definiciones anteriores de ingeniería y de ejercicio profesional, se confirman estos conceptos en cuanto al carácter netamente civil de la ingeniería. La ingeniería militar es otra profesión.

El ingeniero es un profesional que se integra en la comunidad y que, además de recibir un honorario o sueldo por su labor, debe tener una apreciable vocación de servicio. Hacer ingeniería lleva consigo un compromiso social. Por lo tanto, la labor de un ingeniero en el variado universo en que hoy lo encontramos actuando, revela esa circunstancia. Para remarcar ese sentido social de la misión de los ingenieros, es útil revisar lo que nos dice el ingeniero francés Georges Lamirand[16] con un caso real descripto, que comentamos a continuación. Para no hacer una traducción literal -que demandaría mucho espacio- nos permitimos hacer una síntesis libre del relato de Lamirand.

"La escena comienza en uno de esos días pesados de julio en el norte de Francia. Una oficina de ingeniero de taller: cuatro paredes tirando más a negro que a gris, adornada por gráficos de distintos colores, curvas de funciones matemáticas, una larga tira de papel salida del impresor de una computadora, varios planos sobre una mesa de dibujo, un escritorio cargado de papeles y detrás, un ingeniero redactando un informe. En la percha de la pared una gorra, vieja gorra cargada de manchas. En la puerta un hombre jóven de impecable traje claro, que se presenta:

- Roger Boyer, graduado ingeniero.
- Adelante –le tiende la mano– Delard, jefe de fundición. Terminan de hablarme por teléfono, anunciándome que viene a visitar la planta, porque están estudiando su incorporación. Estoy con usted, sígame".

"Sin otro preámbulo, un hombre para el cual el tiempo cuenta mucho, Delard toma su gorra de la percha y se dirige hacia los talleres seguido por su jóven visitante. Es una gran fábrica metalúrgica. El aire afuera es pesado, pero adentro es irrespirable. Traspuesta la puerta, los humos transforman a la atmósfera en sofocante. Una serie de herramientas accionadas por aire comprimido hacen insostenible el ruido ambiente del lugar. Los obreros, desnudos hasta la cintura, supervisan un cubilote que derrama metal fundido en los moldes. Una máscara de plástico transparente, gruesos guantes y zapatos de seguridad, protegen a las personas de las posibles salpicaduras de metal ardiente y tornan a la escena, en fantasmal. Otros obreros trabajan con arena en los moldes. Los aprendices jóvenes ayudan a los oficiales experimentados. Otros quitan rebabas de algunos moldes calientes aún, por medio de sopletes de aire comprimido que ocasionan un ruido ensordecedor para las personas que no tienen colocados los protectores auditivos. Un puente grúa avanza sobre las cabezas de todos en forma amenazante, llevando cargas peligrosas. Para hacerse oir, es necesario gritar. En ese ambiente, Delard explica al jóven ingeniero Boyer las operaciones de su sector, el que se encuentra entre sorprendido y estupefacto. Caminando, la arena del sector de moldes penetra en su calzado y las pequeñas chispas de las operaciones, terminan por hacer blanco en su traje impecable y dejar su marca irreparable. Para evitar una zorra eléctrica que se desplaza, el jóven ingeniero debe apartarse algo asustado y al hacerlo, pisa un charco de agua. Todo ante la mirada irónica de los operarios y aprendices. Tuvo que detenerse para sacarse la arena de los zapatos y de la botamanga del pantalón".

"Un poco aturdido por esa entrada inesperada al mundo de la ingeniería, Boyer regresa a la oficina de Delard, marchando unos pasos atrás. Allí un obrero espera al ingeniero-jefe. No está contento con su salario y viene a reclamar, aduciendo su antigüedad. Volvía de comer apurado una de esas comidas francesas muy condimentadas, que le provocaban un aliento fuerte y desagradable, bien perceptible. Es un ajustador de mantenimiento, con su vestimenta sucia y descolorida".

"El jóven ingeniero mira intrigado a ese hombre y siente que lo separa un abismo cultural y social. El diálogo entre el obrero de mantenimiento y Delard es, por momentos, áspero, ante la mirada atónita del jóven graduado. El jefe de la fundición lo deja hablar,

con sus ojos claros llenos de bondad puestos sobre ese hombre simple, pero socialmente valioso. Es honesto en su reclamo".

"El ingeniero, en pocas palabras y con lenguaje simple, le explica la situación y le promete examinar el caso particular para darle una respuesta en la semana, luego de hablar con su capataz y el jefe de personal. El obrero escucha la explicación con su gorra en la mano, un poco arrepentido de su tono fuerte al principio de la conversación".

"Una extraña sensación de malestar embarga al jóven ingeniero. Ha percibido que la vida profesional implica pasar mucho tiempo en lugares poco agradables, en medio de gentes rudas a las que hay que dirigir. Se pregunta si eso es la culminación de tantos años de estudio, de esfuerzos, para desarrollar la inteligencia y la creatividad. También se pregunta si valió la pena seguir a reputados maestros teóricos para terminar discutiendo con hombres musculosos, sin formación intelectual. Su fuero íntimo le reclama que relación hay entre ese escritorio de fábrica, repasando correspondencia de poco nivel, atendiendo a gente que más parecen adversarios que amigos y las intrincadas ecuaciones diferenciales que sabe resolver. Royer Boger se dice, para su interior, ¡Ah, nó, esto nó!. Haré cualquier cosa, pero esto nó. El sueña con una oficina de proyectos espectaculares, o un laboratorio en los que se hacen investigaciones de vanguardia para culminar en publicaciones de resonancia".

"Delard comprendió inmediatamente todo lo que pasaba por la mente de su jóven colega y en una charla profunda y terminante, le explicó en detalle que es eso de ser ingeniero. Lo sacó de muchos errores que le inculcaron en la universidad. Al concluir le repitió una u otra vez: ¡Jamás se desanime!"

La desventura de este personaje de la historia del ingeniero francés que decribe Lamirand en su valiosa obra, es frecuente en Argentina y en muchos otros paises también, producto de una formación universitaria demasiado lírica. A veces, demasiado equivocada. Como explicaremos más adelante, ha llegado el momento de encarar la solución. No será fácil. La vida profesional no es una ecuación diferencial, ni un cálculo integral, ni un cálculo tensorial. El ingeniero profesional actual debe resolver, no solo los problemas técnicos, sino también los problemas humanos, administrativos y de gestión. Solo el reducido grupo de ingenieros cientificos que en las universidades, o institutos de ciencia y técnica, o empresas con alto compromiso en desarrollar productos innovativos, trabajan en el recoleto ambiente de los laboratorios o los gabinetes de meditación pura. El ingeniero profesional es hoy responsable por el resultado del trabajo de otros, mientras que el ingeniero científico es responsable solo por su trabajo personal. Por lo regular, el ingeniero científico no tiene aptitudes para la conducción de personal y no sabe tabajar en equipo.

Las tareas del ingeniero profesional suelen ser muchas veces bastante rudas. Las obras lineales (caminos, gasoductos, líneas de transmisión de energía, ferrocarriles, etc.) son responsabilidades de mucha exigencia. Obligan al ingeniero director y sus ayudantes a una actividad extremadamente exigente, bajo condiciones severas de horarios, climas adversos, lugares de trabajo con pocas o ninguna comodidad y personal sacrificado a sus órdenes. La mayor parte de los profesores de la Universidad ni imaginan como es esa vida, y por lo tanto, no la pueden inculcar, ni la pueden entender. Abrir una picada en la selva para la traza de una línea de energía eléctrica, no es tarea agradable. En la camioneta se debe llevar, además del botiquín de primeros auxilios, la consabida dosis de sueros para las picaduras de serpientes y alimañas. Además, saber usarlos y saber asistir a un accidentado. Esto difiere mucho de la tarea elegante del investigador que hace el desarrollo de un nuevo producto, o investiga un nuevo material con miras a preparar una publicación que le permita tramitar un subsidio para seguir investigando.

En cuanto al ingeniero de la vida industrial, las condiciones no son menos rigurosas. Las contingencias de la producción seriada son muy exigentes. Una paralización en la línea de producción implica un retraso en las entregas, con las consiguientes penalidades o pérdida de clientes. La vida interna de una fábrica es un complejo de especialidades y funciones, que los ingenieros deben coordinar y controlar. Las entregas de materias primas, lubricantes y combustibles constituyen un sistema complejo, ligado a los intereses y acciones de agentes exteriores al sistema. En la otra punta de la cadena de producción está el cliente esperando el producto. Las contingencias de la producción son muy severas y no hay excusas para los atrasos.

Los ingenieros directores de obras civiles e industriales también están envueltos en un clima de trabajo severo. Los plazos de entrega constituyen una amenaza, ya que el ingeniero director es el responsable. Un atraso puede ocasionar un quebranto económico para nada acepable. Igualmente los ingenieros consultores, que deben hacer estudios dentro de los límites de los contratos y los ingenieros peritos de parte en la justicia deben responder dentro de los términos legales.

Se observa en estos ejemplos, que la tarea del ingeniero no solo es de naturaleza técnica, sino que debe cuidar la economía, la seguridad de las personas y los hechos legales y reglamentarios. Esto disipa la errónea idea muy generalizada de que el ingeniero es un tecnico sumido en lo suyo, enfrascado en su gabinete o laboratorio, ajeno a la vida de todo el conjunto social. Un científico puede pasar a la gloria aún si en toda su vida no logra alcanzar un resultado importante. Un ingeniero puede terminar su carrera si se atrasa en una obra y ocasiona un perjuicio económico. Un científico, en su trabajo, nunca pone en peligro la vida o los bienes de otros. Un ingeniero está arriesgando continuamente los bienes de otros, o haciendo peligrar la vida de personas. Una versión complementaria podemos verla en otras obras[25] [26].

Los ingenieros de operación de los ferrocarriles, de las empresas de electricidad, de las de agua potable o las de gas, tienen no solo la movilidad requerida por la extensión de las redes, sino que llevan consigo, además, la responsabilidad del servicio y sus accidentes. Un ingeniero ferroviario debe muchas veces concurrir a los lugares de accidentes graves, con personas afectadas, donde las escenas no son para nada agradables y, sin embargo, debe manetener la sangre fría como para tomar las medidas que permitan reestablecer tecnicamente el servicio lo antes posible. En toda la red, muchos pasajeros no saben que está ocurriendo y reclaman por no poder llegar a destino en horario.

Los ingenieros de proyecto son los que, de alguna manera, trabajan en un clima más confortable y menos riesgoso y en lugares por lo regular agradables. Lo mismo ocurre con los ingenieros de gestión o de administración. Pero estas labores se ven muy beneficiadas si en etapas anteriores, el ingeniero pudo estar en los lugares en que ocurren los hechos de la ingeniería. El proyecto de una obra o componente puede tener una concepción teóricamente genial, pero ser irrealizable, si el ingeniero proyectista no se ha visto anteriormente en las encrucijadas que ocasiona la realidad de los medios y las personas que han de intervenir en el empleo de su obra.

Así como la vida de la familia del médico resulta afectada por las contingencias de la salud de los pacientes, la vida de la familia de muchos ingenieros también resulta afectada por las guardias rotativas de los servicios públicos o de la producción industrial contínua. Un ingeniero de operaciónes de una central eléctrica debe estar las 24 horas del día dispuesto a concurrir a su lugar de trabajo fuera de los horarios formalmente establecidos, para resolver una emergencia.

Intentemos ahora -sobre la base de lo anteriormente dicho- hacer una síntesis que demuestre la posición del ingeniero como ser social. El primer aspecto que podemos hacer resaltar es la misión que le compete como integrante de la sociedad, a fin de aportar su cuota en la elevación y perfeccionamiento general, aspecto éste que toca a su ética interior y sus principios. Su labor está en relación con algunos aspectos de su sentir espiritual, al tener que meditar muchas veces sobre los objetivos de los productos que concibe. El segundo aspecto a señalar es la relación del ingeniero con el medio social, su misión como hombre entre los hombres y su posición como guía y consejero. Tuvo más oportunidades que otras personas de estudiar y cultivarse y por ello, tiene mayores responsabilidades sociales. El tercer aspecto es preservar el medio ambiente, el cuidado y protección del patrimonio común del hombre como es la naturaleza. La contaminación de la biosfera es hoy una muy seria preocupación general y la ingeniería con sus obras, puede ocasionar daños irreparables. Muchas obras de ingeniería arrojan al espacio gases, líquidos y sólidos desequilibrantes o no degradables. Otras veces, producen elementos radiactivos peligrosos de muy difícil eliminación. En todo este asunto, la opinión pública mundial ha tomado un giro verdaderamente espectacular en los últimos años. En Argentina, se han promulgado leyes para tratar de proteger al medio ambiente.

Estas reflexiones conducen a conclusiones claras. El ingeniero no puede ser un ente desaprensivo, indiferente, concentrado solo en la eficiencia de su tecnología. Por estas razones es que el ingeniero debe ser formado solo en las universidades civiles, donde el saber se cultiva en forma integral para la preservación de la vida humana y su patrimonio general. Por estas simples razones, no puede ser formado en institutos militares.

1.8 Ejemplos resueltos

Ejemplo resuelto 1.8.1

Datos: Hacer una tabla que permita apreciar en forma sintética, la dimensión del pais Argentina dentro del grupo económico *Mercosur.*

Solución: Para resolver este ejemplo se dispone actualmente de abundante bibliografía. Nosotros hemos recurrido a una publicación empresaria, sobre la base de la cual se preparó la tabla pedida. Se trata del ***Boletín TECHINT*** nº 289 de 1997.

TABLA 1.5 *Indicadores económicos y sociales regionales*

	MERCOSUR	ARGENTINA	BRASIL	CHILE	PARAGUAY	URUGUAY
Población (en Millones)	215,40	34,20	159,10	14,00	4,80	3,20
Superficie (en miles de km²)	12.600	2.767	8.512	737	407	177
PBI per Capita (en U\$S/pers.)	4.106	8.060	3.370	3.560	1.570	4.650
PBI (en millones U\$S)	884.348	275.657	536.309	50.051	7.606	14.725
Exportaciones (% de PBI)	8,00	7,00	7,00	28,00	27,00	18,00
Esperanza de vida (en años)	68,40	72,00	67,00	73,80	70,00	72,00
Tasa alfabetismo (en %)	85,40	95,50	82,10	94,50	90,80	96.50
Escolaridad (en años)	5,20	9,20	4,00	7,80	4,90	8,10

Ejemplo resuelto 1.8.2

Datos: Se desean conocer los grandes indicadores económicos del país Argentina, que tienen estrecha relación con la ingeniería.

Solución: Del *Boletín TECHINT,* el nº 280 de 1994 y el nº 287 de 1996, obtenemos una serie de indicadores económicos que resumidamente nos permiten conocer los grandes números que se relacionan con la ingeniería.

TABLA 1.6
Indicadores económicos que influyen sobre la ingeniería

Producción de BIENES (PBI)	3.521,90	44,3 %
Producción de SERVICIOS (PBI)	4.435,00	55,7 %
Total (U$S per capite)	7.956,90	100,0 %
Composición de los BIENES:		
Agricultura	583,4	7,3 %
Minas y canteras	184,0	2,3 %
Industria manufacturera	2.101,0	26,4 %
Construcción	493,3	6,2 %
Electricidad, gas y agua	160,1	2,0 %
EXPORTACIONES:		
Brasil		27 %
Uruguay y Paraguay		5 %
Resto de ALADI		13 %
NAFTA		10 %
Unión Europea		21 %
Resto del mundo		24 %

HIDROCARBUROS:
(Reservas probadas, desarrolladas y no desarrolladas)

Crudo	1.029 millones de barriles
Gas	10.918 miles de millones de pies^3

TOTAL: 2.849 millones de barriles de petróleo equivalentes (BPE).
       (1 barril = 156,7 litros)

Este resultado resalta lo indicado en el transcurso del texto, en el sentido que los servicios son importantes frente a la producción de bienes, para el empleo de ingenieros.

Ejemplo resuelto 1.8.3

Datos: Se desea conocer la cantidad de estudiantes que cursan estudios en Argentina.

Solución: Se recurre a las estadísticas oficiales. Anuario 1966 de estadísticas universitarias (nacionales) de 1997, y Estadísticas básicas de universidades privadas de 1994. Con las mismas se puede hacer la siguiente síntesis.

TABLA 1.7 Alumnos cursando ingeniería en Argentina

UNIVERSIDAD	Alumnos Totales de la UNIVERSIDAD	Cursando INGENIERIA
UNIVERSIDADES NACIONALES (1996)		
Buenos Aires	185.322	6.841
Catamarca	6.142	143
Centro de la Prov. de Bs.As.	6.616	1.893
Comahue	15.384	1.589
Córdoba	89.996	4.155
Cuyo	20.814	1.498
Entre Ríos	8.024	1.290
Formosa	5.384	207
San Martín	1.185	54
Sarmiento	153	35
Jujuy	6.038	397
La Matanza	11.147	2.655
La Pampa	6.135	655
Patagonia Austral	2.732	135
San Juan Bosco	9.241	999
La Plata	72.203	4.307
La Rioja	6.027	159
Litoral	19.104	1.116
Lomas de Zamora	26.044	1.268
Luján	14.245	1.100
Mar del Plata	20.295	1.431
Misiones	10.013	812
Nordeste	41.538	1.794
Quilmes	2.704	692
Río Cuarto	9.651	546
Rosario	55.446	3.269
Salta	12.803	1.050
San Juan	10.860	1.994
San Luis	9.165	772
Santiago del Estero	4.245	455
Sur	12.965	1.925
Tecnológica Nacional	69.792	68.844
Tucumán	40.895	1.541
TOTAL UNIVERSIDADES NACIONALES	**812.308**	**115.616**

UNIVERSIDAD	*Alumnos*	
	Totales de la UNIVERSIDAD	Cursando INGENIERIA
UNIVERSIDADES PRIVADAS (1995)	13.168	526
UADE	9.708	743
Católica Santa María de los Buenos Aires	4.197	846
Católica de Córdoba	3.080	--
Católica de Cuyo	3.018	--
Católica de La Plata	3.716	175
Católica de Salta	3.239	--
Católica de Santa Fé	2.547	--
Católica de Santiago del Estero	10.317	362
de Belgrano	376	158
de la Marina Mercante	3.022	687
de Mendoza	16.978	481
de Morón	3.642	332
Santo Tomás de Aquino	1.304	1.304
ITBA	13.836	--
del Salvador	1.681	97
J.A.Maza	433	42
Austral	617	617
FASTA		
TOTAL UNIVERSIDADES PRIVADAS	*94.879*	*5.987*
Total general del país	**907.187**	**121.603**

1.9 Ejercicios propuestos

Ejercicio propuesto 1.9.1

Se desean conocer las relaciones que hay entre la cantidad de estudiantes de ingeniería cursando obtenida del ejemplo resuelto 1.8.3, en relación con los principales indicadores económicos presentados en los ejemplos resueltos 1.8.1 y 1.8.2 (como por ejemplo, el producto bruto) y sacar conclusiones.

Ejercicio propuesto 1.9.2

Se desea hacer un cálculo estimativo de la cantidad de estudiantes de ingeniería cursando del ejemplo propuesto 1.8.3 y los posibles empleos en empresas que se enumeraron en la tabla del acápite 1.6.2. Si es posible, por región del país.

Ejercicio propuesto 1.9.3

Se desea una estimación comparativa entre la Tabla 1.1 de los Estados Unidos de Norteamérica y como sería esa misma tabla en Argentina.

Ejercicio propuesto 1.9.4

Se desea un informe de no más de una carilla, en que se emita opinión sobre la influencia del fenómeno de la globalización sobre las vocaciones actuales para estudiar ingeniería.

Ejercicio propuesto 1.9.5

Se desea un informe de no más de una carilla, sobre los ingenieros que usted conoce y que tareas y posiciones están desempeñando.

Ejercicio propuesto 1.9.6

Se desea un informe de no más de una carilla, sobre un problema de ética profesional que usted haya observado alguna vez o le han relatado.

Ejercicio propuesto 1.9.7

Se desea un informe de no más de una carilla, sobre sus predilecciones personales para ser ingeniero profesional o ser ingeniero científico.

Ejercicio propuesto 1.9.8

Se desea un informe de no más de una carilla, sobre el camino más preferido entre ser ingeniero especialista o ser ingeniero gerente.

Ejercicio propuesto 1.9.9

Se desea un informe de no más de una carilla, sobre cual de los ámbitos de ejercicio de la ingeniería sería más de su agrado.

Ejercicio propuesto 1.9.10

Sobre la base de su memoria y sus conocimientos, intente hacer una lista de diez empresas que Usted sabe que emplean ingenieros.

Ejercicio propuesto 1.9.11

En un informe de no más de una carilla, explique como es el edificio en que vive.

Lámina 2 *Obra civil Torres Abasto*
Techint Argentina S.A. Buenos Aires, Argentina

CAPITULO 2

LOS MEDIOS DE LA INGENIERIA

Resúmen

En este Capítulo se explican los medios usuales de que se vale el ingeniero en el ejercicio de su profesión. En primer lugar se destaca la diferencia entre ciencia e ingeniería. Luego se hace un repaso acerca de la naturaleza de los diversos métodos que emplea la ingeniería en tareas profesionales, para poderlas identificar y distinguir.

2.1. Diferencias entre ciencia e ingenieria

El hecho natural -al momento de producirse- de que las escuelas de ingenieros nacieran como sectores o carreras dentro de las facultades de ciencias exactas, físicas y naturales, ha sido y sigue siendo fuente de antiguos errores conceptuales. Esto ocurrió en Argentina y en muchos otros lugares del mundo. Apareció así la idea que la ingeniería era una especie de *"subproducto"* de las ciencias fisicomatemáticas. Nada más inexacto en los actuales momentos, pero dio lugar también al pensamiento que la ingeniería era *"ciencia aplicada"*. Procuraremos en este acápite demostrar que no es así.

La circunstancia natural de que en las escuelas de ingeniería convivan ingenieros con científicos, ha sido siempre fuente de confusiones, dado que **no es lo mismo crear el conocimiento, que usarlo.** Por tal causa, es razonable discurrir un poco sobre este argumento. Para ello echamos mano de citas que nos parecen valiosas. En primer lugar, podemos afirmar sobre la base de nuestras propias observaciones lo que sigue.

Ingeniero y científico; profesiones netamente diferentes.

El ingeniero **crea** lo que **no existe** en la naturaleza
BUSCA REALIZAR

El científico **estudia** lo que **ya existe en la** naturaleza
BUSCA CONOCER

El distinguido catedrático español José Scala Stalella de la Universidad Politécnica de Madrid, España, nos revela en una ponencia suya:

"Cuando en 1769 Watt inventó y patentó su máquina de vapor, faltaban 74 años para que Joule encontrara el equivalente mecánico del calor y faltaban 81 años para que Clausius y Kelvin formularan el segundo principio de la Termodinámica."

No quedan dudas que, en buena parte de los casos, *la Técnica llegó al hombre, antes que la Ciencia.* La historia universal lo demuestra. Los fenicios que navegaban el Mediterráneo, para construir sus embarcaciones no esperaron a que Arquímedes encontrara su principio del empuje de abajo hacia arriba que sufre un cuerpo sumergido. El hombre primitivo aprendió a encender el fuego, sin esperar que los químicos encontraran que la combustión es la combinación de una sustancia con el oxígeno. Los guerreros de las épocas primarias, para alcanzar mayor distancia, lanzaban sus flechas con una inclinación de 45º, sin esperar que los físicos encontraran las ecuaciones del tiro oblicuo, resolviendo el caso con la derivada primera igualada a cero para encontrar la máxima distancia.

Es bastante claro que la ingeniería, como actividad, es inherente al ser humano y anterior a las ciencias, a tal punto, que hace a la vida del *"Homo Occidentalis"* actual. Esto nos permite insistir en afirmar que la ingeniería es en el tiempo actual una disciplina independiente, pero *que sí emplea las ciencias* como herramienta auxiliar, sin de ningún modo derivar de ellas. En la actualidad, no solo emplea las ciencias fisicomatemáticas, sino muchas otras. Se la puede catalogar -según dice el académico argentino Arturo Bignoli- como un **arte asistido por la ciencia**.

Estas aseveraciones se pueden sostener también, examinando los métodos que emplea la Ingeniería con los métodos que emplean las ciencias y compararlos. Para ello, tomamos lo explicado por el profesor argentino Aquiles Gay[13] que nos dice:

Métodos de la CIENCIA	Métodos de la INGENIERIA
Ansias de Conocimiento	Satisfacción de necesidades
↓	↓
Investigación Científica	Desarrollo, diseño, ejecución y operación
↓	↓
Conocimientos Científicos	*Bienes, servicios, métodos o procesos*

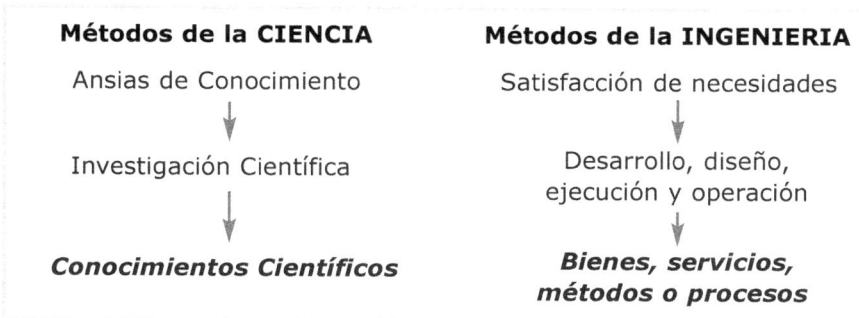

Como bien señala el profesor Gay, la ingeniería comienza con la presentación de una necesidad material en la sociedad, que puede ser absolutamente indispensable para sobrevivir, como también puede ser una necesidad superflua motivada por el deseo de una existencia mejor, como decía Ortega y Gasset[11][12]. Los hechos de la ingeniería están relacionados con la calidad de vida de las gentes, mientras que los de la ciencia se basan en la necesidad de penetrar en lo desconocido, como curiosidad humana. El eminente pensador inglés Aldous Huxley señalaba que *"el conocimiento es una función del ser"*. Todo esto está todavía afectado por ciertas confusiones.

La investigación, el desarrollo y la innovación, que ahora es moda abreviar con (I+D+I), es algo que siempre hicieron naturalmente y sin estridencias los ingenieros de todo el mundo, desde que existe la ingeniería al principio su historia. Por ejemplo, al *análisis, cálculo, estudio, diseño, dimensionado ó prototipo,* en ámbitos universitarios, se lo confunde con *investigación.* Sobre la base de esos trabajos los ingenieros ejecutan luego los *anteproyectos, proyectos ejecutivos, proyectos de detalle y especificaciones técnicas,* que en el mundillo de las ciencias fisicomatemáticas se suele llaman *desarrollo.* Finalmente, en estos trabajos, los ingenieros aplican continuamente la *creatividad*, que da origen a la *innovación*.

Resulta interesante sobre todo esto, observar la tabla que nos presentó el profesor inglés J.J. Sparkes, de la Open University, en la Engineering Professor's Conference, UK en 1989, la que traducimos a continuación (tabla 2.1).

TABLA 2.1 *Estudio comparativo entre ingeniería y ciencia.*

CIENCIA	INGENIERIA
META: Búsqueda del conocimiento y su comprensión, como objetivo en sí mismo.	*META: Creación de artefactos y sistemas para las necesidades y carencias de la sociedad*
PROCEDIMIENTOS CIENTIFICOS	**PROCEDIMIENTOS DE LA INGENIERÍA**
1. Descubrimientos, principalmente por medio de la investigación controlada.	1. Invenciones, diseños, producción, operación y conducción.
2. Análisis, generalización y síntesis de las hipótesis.	2. Análisis y síntesis de los diseños y desarrollos.
3. Reduccionismo, implicando la aislación y definición de conceptos distintos.	3. Combinación, implicando la integración de competencias demandadas, teorías, datos e ideas.
4. Creación sobre valores libremente expresados.	4. Actividades siempre posibles de valorizar.
5. La búsqueda y teorización de las *Causas*.	5. La búsqueda y teorización de los *Procesos*.
6. Búsqueda de la *mayor* exactitud en la modelización.	6. Búsqueda de *suficiente* exactitud en la modelización.
7. Diseño correcto de *Conclusiones* basadas en buenas teorías y datos exactos.	7. Diseño correcto de las *Decisiones* basadas en datos incompletos y modelos aproximados.
8. Destrezas experimentales. Destrezas lógicas. Enlace de pensamientos.	8. Diseño, construcción, ensayos, planificación, resolución de problemas, decisiones, ejecuciones, destreza para las comunicaciones interpersonales.
9. Usando la predicción, cambiar lo incorrecto o falso de las teorías y los datos sobre los cuales se basan.	9. Intentar asegurar, por acciones sucesivas, que las decisiones equivocadas se transformen en exitosas.

El miembro de la Academia Nacional de Ingeniería de la República Argentina, profesor ingeniero Arturo J. Bignoli, en una breve hoja informativa de agosto 1996, nos permite redondear ideas y completar todo lo dicho con una serie de conceptos que compartimos plenamente. Dice Bignoli lo que sigue.

La ingeniería pretende entender lo mejor posible la realidad que debe enfrentar, para prestar algún servicio con suficiente seguridad y al menor costo.

No aspira a conocer la verdad absoluta de dichos problemas. Solamente Dios la conoce. Sin embargo, su búsqueda es necesaria.

Continúa Bignoli. Hay dos vías principales para lograr entender la realidad: ***razones y emociones***. Las razones las provee la **ciencia** y las emociones el ***arte.*** La mejor ingeniería se logra con las justas dosis de ciencia y de arte. Resulta así que la ***ingeniería es un arte enriquecida por la ciencia*** o también, una ciencia humanizada por el arte. Por todo ello, la ingeniería no es ni ciencia pura, ni ciencia aplicada. Tampoco arte pura.

2.2 *Métodos de la ingeniería*

Muy frecuentemente el ingeniero, a causa de que su formación comienza por las ciencias fisicomatemáticas que le sirven de apoyo, recibe una preparación inicial en métodos científicos. Sin embargo, al ingresar al sector productivo, encuentra que los métodos de la ingeniería son otros y debe modificar muchos de sus hábitos y convicciones. Esto ocasiona situaciones algunas veces confusas.

Para abordar el tema del método, nos agrada citar de nuevo al profesor norteamericano Paul H. Wright[2], del cual tomamos la lista que sigue.

EL METODO EN INGENIERIA

1º *Identificación del problema.*
2º *Recopilación de información.*

EL METODO EN INGENIERIA (Continuación)

> **3° Búsqueda de soluciones creativas.**
> **4° Paso de la idea al diseño preliminar (incluye el modelado y la simulación).**
> **5° Evaluación y selección de la solución optima.**
> **6° Informes, planos, y especificaciones.**
> **7° Puesta en práctica del diseño.**

Es sencillo comparar el *"Método en Ingeniería"*, con el *"Método en Ciencias"*, para descubrir sus más notables diferencias. Pero está ocurriendo que muchos científicos invaden ahora el mundo de la ingeniería, aportando sus estilos y formas de decir.

Una de las cosas que más nítidamente diferencian a un ingeniero de un científico, son *el ambiente, la forma y el ritmo de trabajo*. El científico estudia e investiga sin los apremios de una gerencia supervisora, sin fechas de entrega, sin contratos que le impongan condiciones severas y multas si se equivoca o se atrasa. Se asemeja mucho a un estudiante becado que estudia con dedicación exclusiva. Los ingenieros, en vez, deben integrarse siempre a un equipo productivo de alta competencia, con imperativos económicos y legales que confundirían mucho a un científico. Las horas tensas de trabajo de un ingeniero no son comparables con la tranquilidad de los laboratorios y gabinetes de investigación, lo que no quita que el ingeniero deba, algunas veces, abandonar el ritmo vertiginoso y enfrascarse en el estudio con calma de un problema. Pero lo usual es que las reglas del trabajo de un ingeniero que se desempeña en relación de dependencia en una empresa, le impongan en todo momento un ritmo acelerado bajo imperativos de mercado o de servicio. Repasemos algunos de esos imperativos:

Limitaciones presupuestarias. Reglas sindicales que se deben respetar. Limitación de recursos humanos y materiales. Preservación del medio ambiente. Estar supeditado a las condiciones de abastecimiento y entregas de los proveedores. Vivir atento a las exigencias del mercado o de los clientes. Cumplir controles de producción o condiciones de servicio que le impiden equivocarse y comenzar de nuevo, como hace un científico. Respetar los contratos y los costos. Aplicar normas que limitan la creatividad. Mantener la coherencia del equipo de personas a su cargo. Seleccionar adecuadamente al personal para cada tarea. Cumplir los plazos de entrega de los contratos, sea de producción como de obras.

La forma de trabajo de los científicos permite indagar por métodos iterativos, sin que ello sea mal juzgado. El científico puede usar el método de la prueba y el error. El ingeniero, actuando sobre la marcha de los acontecimientos, pocas veces puede emplear el método iterativo. Uno solo de sus errores puede afectar a mucha gente o a muchos intereses y los márgenes de acción son muy estrechos. Si un científico llega a una meta equivocada y emprende nuevamente el camino, nada de malo tiene. Un ingeniero, en vez, uno de sus errores puede llevarlo a perder su empleo.

2.3 Anteproyecto, proyecto general y proyecto ejecutivo

Una obra de ingeniería nace de una *idea* y tiene un dueño, sea una persona, el estado, una empresa o una corporación económica. Pero necesariamente, para llevar a la práctica esa idea se requieren recursos económicos. Para estudiar la posibilidad de realizar la obra es necesario contar con un *estudio de prefactibilidad*, que en sí mismo tiene como partes esenciales *la determinación de los recursos económicos necesarios, la forma de amortización y la forma de financiación.* Esta fase está indicando la intervención de las entidades financieras y bancarias, con estudios a cargo de profesionales de las ciencias económicas.

Para quien no está suficientemente informado sobre el mundo de la ingeniería, es necesario hacer una importante aclaración previa. Las obras de ingeniería pueden ser de dos tipos bien característicos. Las **singulares** *de gran magnitud en cuanto a su costo unitario, como una central hidroeléctrica, un aeropuerto, o un puente importante. Pero hay productos de la ingeniería que deben ser fabricadas* **en serie,** *aunque de valor unitario bajo, como un nuevo modelo de automóvil, un nuevo modelo de teléfono, un nuevo modelo de computadora, un aparato de nueva concepción. La gran diferencia es que las primeras se hacen una vez y duran muchos años, mientras que los segundos están destinadas a ser fabricados en grandes series, con una vida mas limitada. El valor de las primeras es muy importante, pero el valor de la producción total hasta amortizar los elementos de una producción en serie, también puede ser muy respetable.*

El estudio de prefactibilidad solo es posible, si existe un ***anteproyecto de ingeniería***. El mismo es un estudio que debe recoger todos los datos presentes en la idea y determinar perfectamente los fines perseguidos. Por ejemplo, si la idea es una autopista, los datos deben ser las condiciones físicas del trayecto por el que ha de construirse, la densidad de tráfico previsible y el tiempo de amortización. Con ellas, se pueden fijar las dimensiones probables de ancho de las calzadas, puentes, intersecciones y demás detalles necesarios, junto con las tarifas. En los anteproyectos no se alcanza necesariamente un nivel de detalle que tomaría mucho tiempo y gastos, sino a una serie de *"grandes números"* que permitan a los economistas realizar sus cálculos y a la entidad responsable de la obra, **tomar la determinación de seguir adelante** el trámite. Este tipo de trabajo requiere una diversidad de pruebas iniciales, sobre la base de comparaciones con obras semejantes ya construidas. Los ingenieros especialistas en cada tipo de obra conocen esos elementos. Como en un anteproyecto de ingeniería puede ser necesario cambiar la solución originalmente ideada, el trabajo de anteproyecto obliga a desechar soluciones y repetir intentos, en un trabajo de ajustes sucesivos.

El primer paso es la identificación del problema, la acotación del mismo en su verdadera dimensión. Como indica el método de la ingeniería, el paso siguiente es la recopilación de información. Esto último se logra por varios métodos. En algunas obras alcanza con las **estadísticas**. En otras, es necesario realizar **trabajos de campo**, buscando la información en el lugar donde se hará la obra, haciendo encuestas o visitando obras semejantes. Luego se continúa eligiendo un número reducido de soluciones posibles, que en una obra de ingeniería importante, no son muchas. Se procede a compararlas entre sí y analizar sus ventajas y desventajas técnicas para el caso planteado. Por este camino se llega a elegir una de las posibles soluciones, que previa discusión, se toma como punto de partida. En ese momento y por lo general a través de comparaciones, se **estima** un costo. Para llegar al mismo, se **descompone** la obra en sus partes fundamentales. Por ejemplo, si es una autopista tendremos estudios de ingeniería, para seguir con movimientos de tierra (excavaciones y terraplenes), estudios de suelos, tipos de calzada de rodamiento, puentes, sistemas de señalización, intercambiadores de tránsito, estaciones de peaje, forestación, iluminación, personal necesario para construirla medido en *horas-hombre*, personal requerido para operarla medido en *horas-hombre-mes*, etc. Las partes componentes pueden así ser evaluadas individualmente y obtener costos parciales. Por ejemplo, para los movimientos de tierra se suele conocer el *costo por tonelada de tierra removida*. Para los puentes, se estima la cantidad de metros cúbicos de hormigón necesarios, cuyo precio se puede conocer en *pesos por metro cúbico*. En cuanto a las personas, los sueldos y salarios se deben estimar, con sus cargas sociales. Cuando los grandes componentes están definidos, se debe hacer la **programación** de la obra, para averiguar el flujo de recursos económicos necesarios en el tiempo, es decir, el **flujo de caja**.

Descompuesta la obra en sus grandes partes -sin entrar en detalles- es posible determinar el costo de cada una, con el fin de que los economistas hagan los estudios de prefactibilidad. Es muy probable que la primera tentativa resulte fallida, pero los trabajos hechos sirven para otros intentos, los que resultarán así más sencillos y más rápidos.

Vistos los resultados del anteproyecto de ingeniería y su correspondiente estudio de prefactibilidad, se está en condiciones de tomar la decisión de encarar la obra con un cierto margen de seguridad, e iniciar las gestiones para obtener los recursos necesarios. En ese punto se habrán hecho los trámites con las entidades de crédito, para encaminar las negociaciones. Aceptada una de las soluciones y vista la probable factibilidad, recién se inicia el **proyecto de ingeniería** propiamente dicho. El mismo consiste en hacer los cálculos y los planos de la obra y obtener dimensiones de todos los componentes. Es la etapa de **dimensionar**. Puede ser que una primera solución que económicamente aparece como factible en el anteproyecto, presenta no obstante algún inconveniente insalvable, por no disponerse de materiales adecuados, o métodos de cálculo seguros, o métodos de construcción con suficiente nivel de seguridad como para arriesgarse a construir. En esos casos, puede recurrirse a equipos de investigadores para que hagan un desarrollo novedoso y resuelvan el caso. Pero de todos modos, el proyecto comienza con croquis simples de las partes componentes, con los cuales se hacen los primeros cálculos y verificaciones. Esa labor continúa avanzando hasta alcanzar una colección de planos que ya permiten apreciar como ha de ser la obra, sea en su conjunto, como en sus principales partes. Como los cálculos habrán determinado las principales dimensiones, es posible calcular con mayor seguridad los costos de cada etapa.

Debe aclararse que el proyecto, deja un *cierto y razonable grado de libertad* a las empresas que han de construir la obra, para proponer variantes. Muchas de estas variantes surgen de propuestas de la propia experiencia de la empresa y también, de las máquinas o componentes que han de adquirir para colocar en la obra. Por ejemplo, en una central eléctrica térmica, no se acostumbra a definir la marca de las máquinas a instalar, las que tienen sus propias características y a las que debe ajustarse el proyecto del edificio. Pero de todos modos, con el **proyecto general** se puede concurrir a las entidades financieras, a fin de que sus evaluadores estudien el riesgo y la **factibilidad**, aportando los recursos económicos.

El **proyecto general** sirve también para **contratar la obra** y afinar los costos. En el mismo se avanza en forma tal que -una vez resueltos todos los detalles que es posible definir en el ámbito de proyecto- quedan determinadas las **dimensiones** y **detalles**. También quedan hechos todos los **planos generales**, **planos de detalle** y **especificaciones** que se requieren para **definir completamente la obra**. Con el proyecto general, **se puede adquirir los elementos, alquilar los equipos y construir la obra**. Ello no asegura que -al estarse construyendo la misma- aparezcan situaciones nuevas, imposibles de determinar en el momento del proyecto general y que deben resolverse cuando aparecen. Esto entra dentro de lo que se denomina **imprevistos**. En los proyectos generales, muchas veces se recurre a la **modelización.** Ante una duda se hace un modelo de laboratorio –por lo regular a escala reducida– y se prueba con solicitaciones de semejanza. También, se puede recurrir a un modelo matemático o un modelo por computación, que imita las condiciones reales de funcionamiento por medio de sus dimensiones y valores esenciales. Por ejemplo, para una columna de dudoso comportamiento, se hace una *probeta* a escala reducida y se somete a prueba, para determinar si resiste o colapsa. Lo mismo ocurre con los materiales a emplear, cuyas características de comportamiento se deben conocer muy bien. Por lo general, este tipo de prueba se ejecuta en laboratorios, pero no se descartan pruebas llamadas *escala uno a uno*, en que el componente a ensayar es una parte igual a la que se empleará en obra y que se sacrifica para averiguar con certeza como se ha de comportar.

Los proyectos generales requieren **cálculos de ingeniería**, por lo regular laboriosos, basados en teorías conocidas, en donde equipos de ingenieros y proyectistas trabajan conjuntamente. De esos cálculos surgen las dimensiones que han de tener los componentes de la obra. Requieren también elaborar las especificaciones generales y particulares de cada elemento o material.

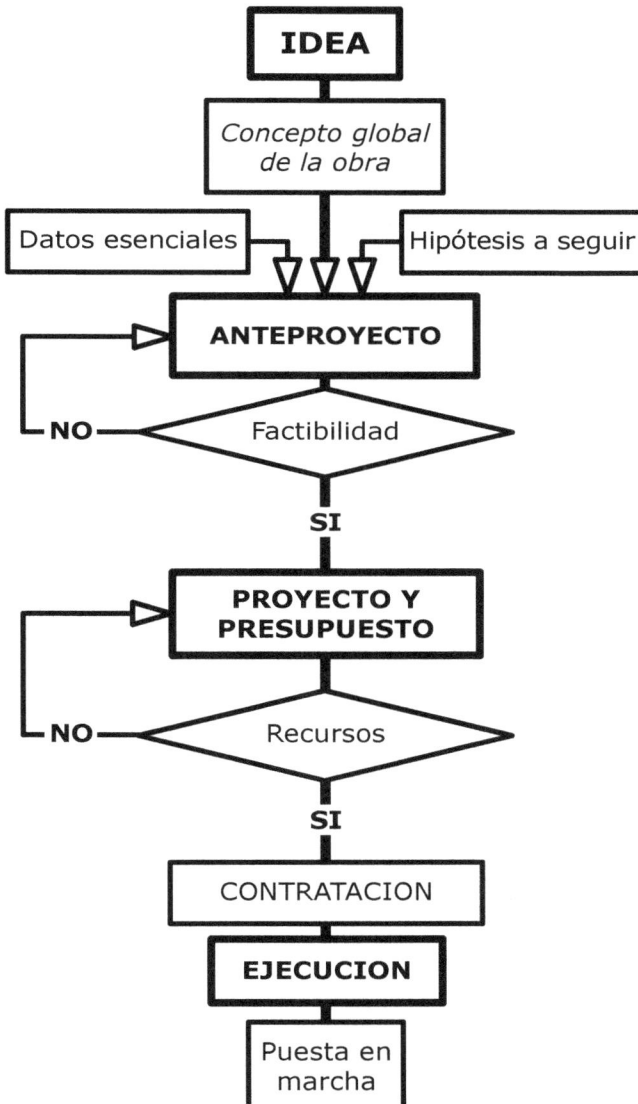

Fig. 2.1 Diagrama general lógico de una obra de ingeniería

Luego del proyecto general de ingeniería y completadas las tramitaciones económico-financieras, la obra se adjudica conforme las reglas entre partes. En ese momento, quedan definidos muchos de sus componentes. Por ejemplo, si se trata de un aeropuerto, habrá partes que las definirá el adjudicatario como por ejemplo, las mangas para embarco y desembarco de pasajeros. Si se trata de una central térmica, el tipo de máquina electromecánica con sus características, definirá las fundaciones necesarias para las mismas. Según sea el modelo adquirido, así deben ser las partes del edificio que deben concordar y que habrá que definir. Por ello, se habla en esa etapa del **proyecto ejecutivo** o **proyecto de detalle**, que tiene en cuenta muchos aspectos imposibles de definir al momento del proyecto general.

Finalmente y a medida que se va concretando la obra, aparecen novedades que es necesario tener en cuenta y los planos originales del proyecto sufren modificaciones. Al concluir la obra, la empresa que la ejecuta debe entregar los **planos conforme a obra**, que representan a la realidad que se ha construido. Los mismos quedan para uso de quienes se encargarán de operar y mantener lo construido.

Para expresar en forma gráfica todos estos pasos, en la figura 2.1 vemos un diagrama con los principales acontecimientos y etapas que hemos descripto, por medio de los llamados *"diagramas de flujo"*, que se explican por sí mismos.

2.4 *Croquis, planos, tablas y documentos gráficos*

Antes de entrar en materia en este tema, recordemos algo sobre lo que hoy se denomina **ingeniería gráfica**, que es una forma de comunicación del ingeniero. El dibujo es un *"lenguaje gráfico en que las palabras se sustituyen por representaciones formadas por líneas, cifras y símbolos"*, según palabras del catedrático español Jesús Félez Mindan, de la Universidad Politécnica de Madrid. Es el modo más directo y simple de comunicación entre técnicos.

Se ha avanzado mucho con la aparición de la computadora, en cuanto a la forma de ejecutar planos de ingeniería. Lo mismo ha sucedido con la arquitectura. Pero de todos modos, podemos decir que el **croquis a mano alzada** sigue vigente. Esto obliga al ingeniero a tener algún dominio -aunque somero- del arte del dibujo, pero mucho menor que en otras épocas. La era del *"delineante"* como profesión auxiliar de la ingeniería, prácticamente ha desaparecido. Se ha transformado con los métodos del diseño gráfico asistido por computadora. Pero repitamos, el ingeniero director de obra cuando está en un andamio a muchos metros de altura sobre el nivel del piso observando como se ensambla -por ejemplo, un encofrado para hormigón armado- no dispone en ese lugar tan incómodo, de una computadora personal. Debe recurrir al croquis a mano levantada como herramienta gráfica para expresar una idea o dar una orden. No debe olvidarse que el dibujo es un idioma más y que el ingeniero tiene a sus órdenes personal técnico de menor capacitación académica, al que debe dirigirse con adecuados medios para ser interpretado y seguido. El croquis a mano alzada es la solución y en figura 2.2 presentamos un ejemplo

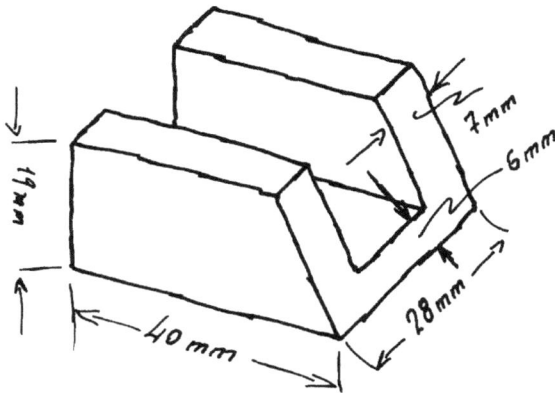

Fig. 2.2 Croquis a mano alzada de una pieza mecánica

Los **planos** son formas gráficas que representar a la obra y a todos y cada uno de sus componentes, como también, piezas sueltas. Los planos se caracterizan por tres cosas esenciales: el **sistema de representación** adoptado, las **acotaciones** y la **escala** usada en cada caso. Muchas veces contienen también **símbolos**. El sistema de representación adoptado en dibujos de ingeniería es el de las proyecciones ortogonales.

En figura 2.3 mostramos como se proyecta una simple chapa cuadrada sobre un plano, conforme tres formas diferentes de hacerlo. Se observa que el resultado depende de la posición relativa del objeto respecto al plano. Por esto, con un solo plano no alcanza para definir un objeto en el espacio de tres dimensiones, sobre un plano de dos dimensiones como es el papel. Se recurre entonces al método de la proyección, como mínimo sobre tres planos ortogonales entre sí, como ilustramos en la figura 2.4. Mediante este procedimiento, el objeto queda definido sobre tres planos, o vistas principales.

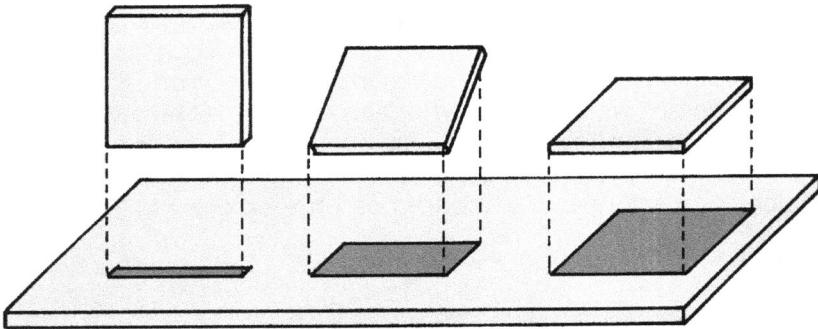

Fig. 2.3 Proyecciones sobre un plano

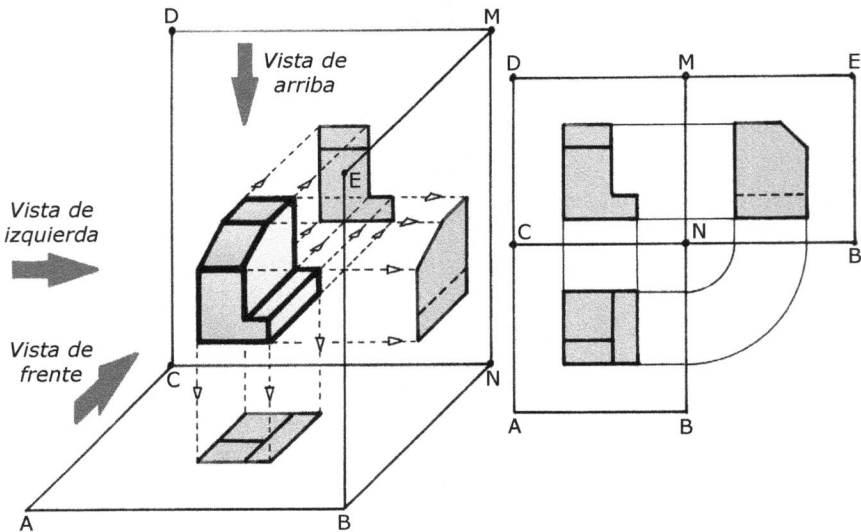

Fig. 2.4 Proyección sobre tres planos y su posterior rebatimiento

Si ahora suponemos que los tres planos están articulados en

sus intersecciones, y los *"rebatimos"*, es decir, los colocamos a todos sobre un mismo plano de dos dimensiones, se transforman en el dibujo a la derecha de esa misma figura. En casos un poco más complicados, se deben emplear más de tres planos para proyectar la pieza a representar. Para

Manivela a colisa

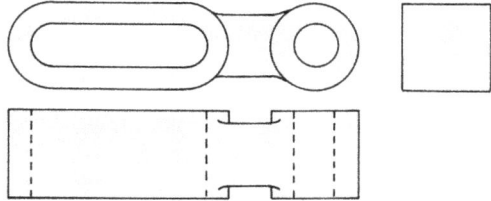

Fig. 2.5 Plano de una pieza mecánica simple

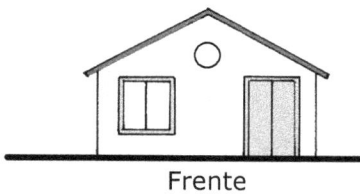

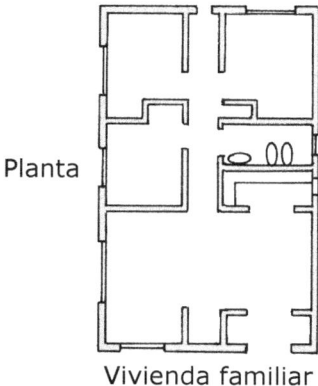

ilustrar mejor, en la figura 2.5 mostramos una pieza mecánica muy simple y en la figura 2.6 una pequeña vivienda.

Frente

Planta

Vivienda familiar

Fig. 2.6 Plano de una pequeña vivienda

El segundo aspecto que se observa en un plano, son las acotaciones, es decir, las dimensiones reales del objeto expresadas por medio de números en el dibujo. Las normas de la ingeniería de cada país indican como debe acotarse un dibujo y la forma de escribir los números. Las cotas son, en general, de dos tipos: las dimensiones lineales y los ángulos o pendientes de los planos. En la figura 2.7 mostramos una pieza mecánica acotada y en figura 2.8 una obra civil con sus dimensiones principales.

El tercer aspecto a considerar en un plano de ingeniería, es la escala adoptada. Podemos definir como ***escala a la relación entre una dimensión en el dibujo y la misma dimensión en el objeto real***. Es decir:

$$Escala = \frac{m}{n} = \frac{dimensión\ en\ el\ dibujo}{dimensión\ real\ del\ objeto} \qquad \textbf{(2.1)}$$

En esta ecuación, si ***n > m*** (***n*** mayor que ***m***) estamos usando una escala de reducción, en que el objeto real es mayor que el dibujado. Si en vez tenemos que *m > n* (*m* mayor que *n*) estamos usando una escala de agrandamiento, en que el dibujo es mayor que el objeto. Por supuesto, hay planos a escala natural, en que *m* y *n son iguales*. Las escalas, por lo regular, son números redondos y normalizados. Por ejemplo, en la construcción de viviendas familiares para planos municipales, se usa mucho la escala **1:100**, que significa que 1 metro en el dibujo representa a 100 metros de la realidad. La escala se expresa por medio de la relación de fórmula (2.1) y también en forma gráfica en el mismo dibujo, mediante una línea adjunta como se muestra en figura 2.8, muy común en los mapas geográficos.

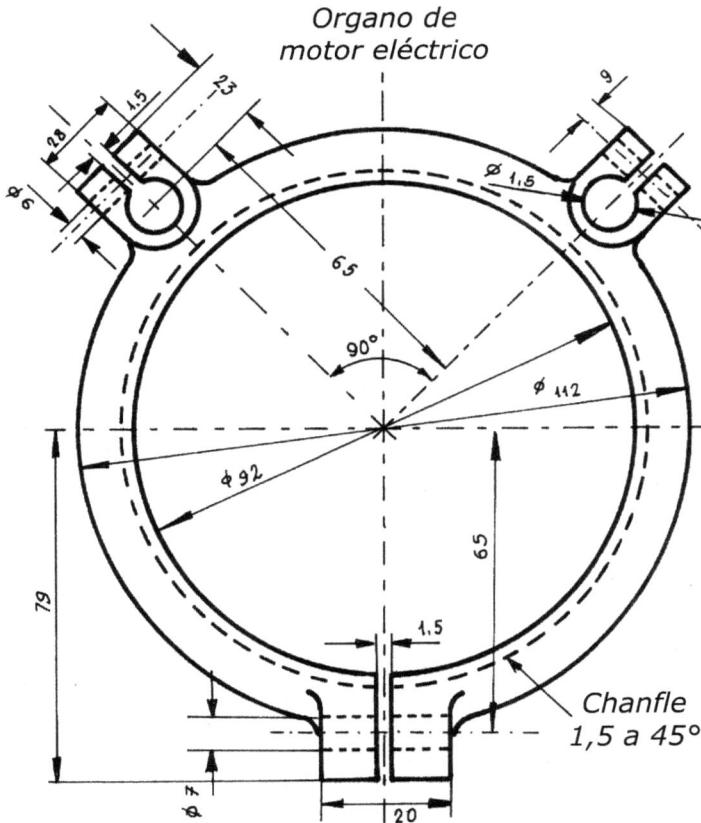

Fig. 2.7 Forma de acotar una pieza mecánica

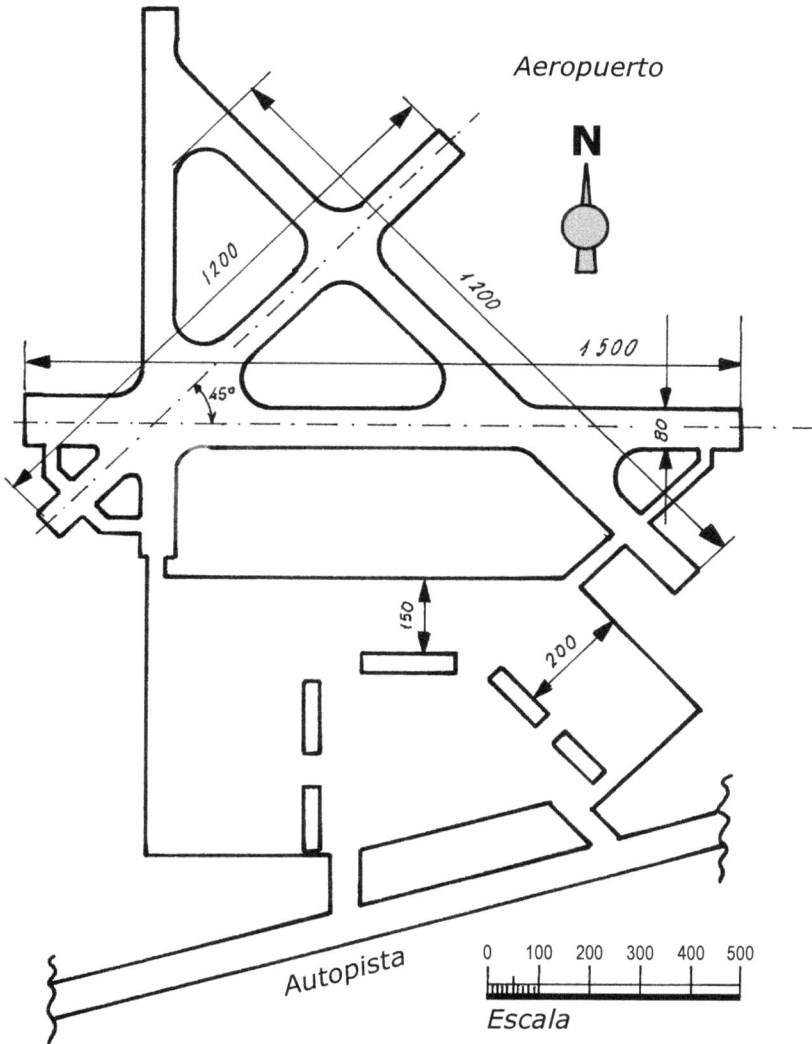

Fig. 2.8 Forma de acotar una obra civil

Los planos y los documentos técnicos contienen muchas veces ***tablas*** con valores que se toman como referencia. Por ejemplo, la tabla 2.2 corresponde a las dimensiones de una losa de hormigón armado (piso o techo resistente de una vivienda) y son los valores aconsejados que surgen de cálculos y de la experiencia misma.

TABLA 2.2 *Valores comunes para losas de hormigón armado en edificios simples*

Cargas de cálculo de 520 kg/m^2

Luz de cálculo	Espesor de la losa	Diámetro de la armadura principal	Diámetro de la armadura de repartición	Cantidad de hierro	Cantidad de hormigón
cm	cm	mm	mm	kg/m^2	m^3/m^2
300	10,5	10 c/13 cm	6 c/50 cm	5,70	0,105
400	14,5	12 c/14 cm	6 c/50 cm	7,75	0,145
500	16,5	13 c/15 cm	6 c/50 cm	9,20	0,165

Los **símbolos** son indicaciones que se anotan en los planos o dibujos, destinados a dar directivas que han resultado de los cálculos o de la experiencia. Son de muy diversa naturaleza. Por ejemplo, cuando se proyecta una pieza mecánica como componente de una maquinaria mayor, se suele anotar el tipo de maquinado que han de sufrir algunas superficies de la pieza representada al ser fabricada. En figuras 2.9 y 2.10 vemos ejemplos.

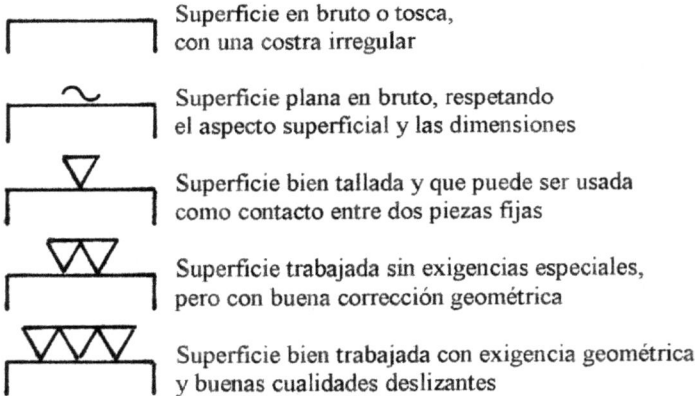

Superficie en bruto o tosca, con una costra irregular

Superficie plana en bruto, respetando el aspecto superficial y las dimensiones

Superficie bien tallada y que puede ser usada como contacto entre dos piezas fijas

Superficie trabajada sin exigencias especiales, pero con buena corrección geométrica

Superficie bien trabajada con exigencia geométrica y buenas cualidades deslizantes

Fig. 2.9 Símbolos de maquinado sobre una superficie

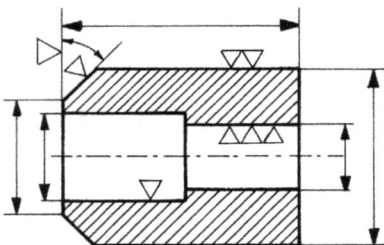

Fig. 2.10 Pieza mecánica acotada y con los símbolos de sus superficies

En cada especialidad de la ingeniería existen símbolos conven-cionales para representar elementos en los planos. En figura 2.11 mostramos los símbolos de una pequeña instalación eléctrica común.

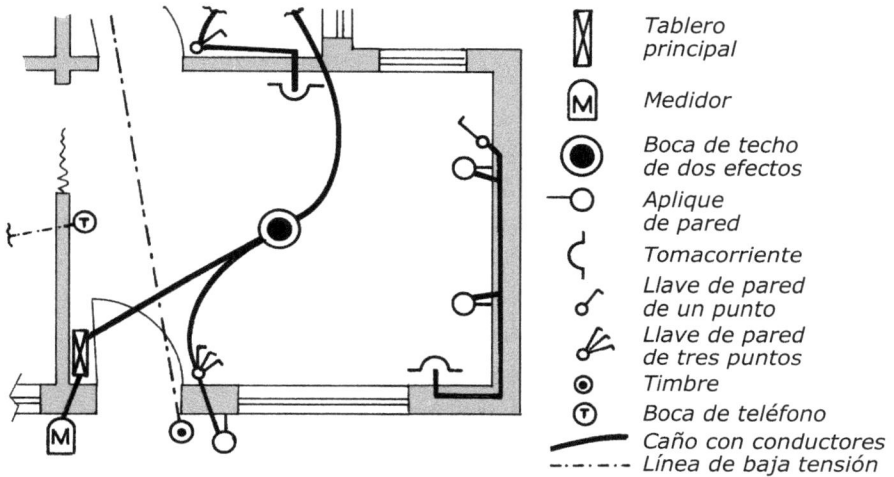

Tablero principal

Medidor

Boca de techo de dos efectos

Aplique de pared

Tomacorriente

Llave de pared de un punto

Llave de pared de tres puntos

Timbre

Boca de teléfono

Caño con conductores

Línea de baja tensión

Fig. 2.11 Símbolos de una instalación eléctrica simple

Finalmente, en cuanto a los planos en general se refiere, también se usa como medio de representación la **perspectiva.** Los actuales métodos de dibujo por computadora han facilitado mucho esta forma de representación. En general, hay tres tipos de dibujo en perspectiva, que mostramos en figura 2.12. La perspectiva ca-ballera, que es algo rudimentaria pero fácil de emplear en croquis rápidos a mano alzada. La perspectiva axonométrica, que presen-ta una imagen más real y con menos deformaciones. La perspecti-va cónica, muestra la pieza como el ojo humano la observa.

Perspectivas

Caballera   Axonométrica   Cónica

*Fig. 2.12 Vista de una misma pieza mecánica,
en tres formas de perspectiva*

Finalmente en este acápite digamos algo sobre los **documentos gráficos**, que son representaciones de funciones matemáticas en coordenadas cartesianas, por lo regular en dos dimensiones. En figura 2.13 mostramos la corriente eléctrica admitida por conductores simples que se emplean en viviendas familiares, en función de la sección recta de los mismos.

Intensidad admisible en un conductor simple aislado para instalaciones eléctricas

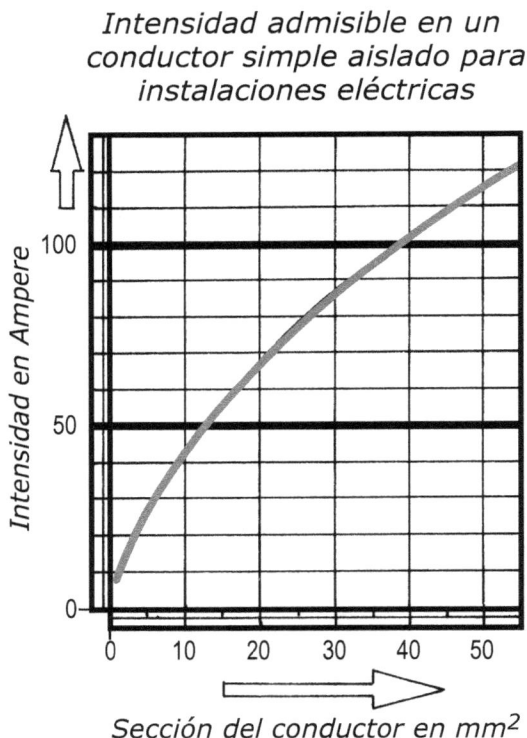

Fig. 2.13 Corriente en función de la sección recta, en un conductor simple aislado

2.5 Cálculos en ingeniería

En ingeniería, se hacen cálculos matemáticos principalmente por tres motivos. Para determinar la dimensión que hay que asignar a un elemento que se está proyectando. Para verificar si una dimensión dada a un elemento existente, es la que corresponde. Para observar el posible comportamiento de un elemento ante una variación de otro elemento. En el primer caso es para **dimensionar** lo que se está proyectando. En el segundo caso para **verificar** o **controlar**. En el tercer caso, para **conocer el comportamiento** de un componente, obra o sistema. En todos estos casos, los métodos matemáticos son los mismos, salvo algunas consideraciones sobre tolerancias que se comentarán en el Capítulo 3. A su vez, los cálculos en ingeniería pueden ser **numéricos** cuando las cifras se reemplazan en ecuaciones matemáticas y se resuelven, o también pueden ser **gráficos**, cuando la solución se encuentra por medio de figuras, gráficos o ábacos.

Debe dejarse sentado -en forma relevante- que todos los cálculos en ingeniería, están afectados por tres factores esenciales. Las **tolerancias**, que comentaremos en el acápite 3.3. Las **hipótesis simplificativas** que se deben adoptar en cada caso, por lo que jamás se debe esperar en un cálculo de ingeniería, un resultado exacto y absoluto. En los ejemplos resueltos de más adelante, se aplican. Véase también en el acápite 1.5.2 anterior, la definición de Ingeniería de Hardy Cross. La ingeniería no es una ciencia exacta, como la Astronomía. La matemática es solo una herramienta de trabajo como veremos en acápite 4.3 de más adelante. El tercer factor son los **coeficientes de seguridad**, que se adoptan como resguardo, tomando valores mayores de lo necesario.

La matemática es uno de los más valiosos auxiliares de la ingeniería y cada día se acentúa esta necesidad, debido a los nuevos desarrollos matemáticos que surgen por la vía de la investigación. Estas investigaciones las hacen los ingenieros científicos -y también algunos científicos que colaboran en desarrollos de la ingeniería- y el panorama se ve ampliado continuamente. Los métodos matemáticos empleados en la actualidad son, científicamente hablando, mucho más profundos que medio siglo atrás. Con la aparición de la computadora, además, se hizo más frecuente el empleo del álgebra matricial y el cálculo tensorial. Por otra parte, el ingeniero debe continuamente actualizarse para poder comprender las novedades que en materia matemática se van incorporando, para poderlas emplear con naturalidad. Esto no significa que el ingeniero se transforme en un perito en esta ciencia básica. *El ingeniero debe ser solo un usuario inteligente de la matemática y de otras ciencias también*.

La variedad de cálculos que se presentan en la ingeniería actual es de tal vastedad, que resultaría utópico pretender siquiera hacer un resumen informativo. La amplia gama pasa desde la simplicidad de operaciones del álgebra común, hasta la resolución de intrincadas ecuaciones diferenciales. En general, precisamente las ecuaciones diferenciales, son muy adecuadas para representar a gran cantidad de fenómenos que se presentan en la ingeniería. Pero en el uso de la matemática lo esencial es conferir a la aplicación de esa ciencia pura, ***el necesario sentido ingenieril***. Esto no es tan sencillo y al tratar sobre la formación del ingeniero en el capítulo 4, volveremos sobre este argumento. Veamos ahora, para ejemplificar, un caso de cálculo de ingeniería muy elemental pero que, sin embargo, permitirá al lector menos informado en matemática, apreciar la forma en que los ingenieros emplean las ciencias puras.

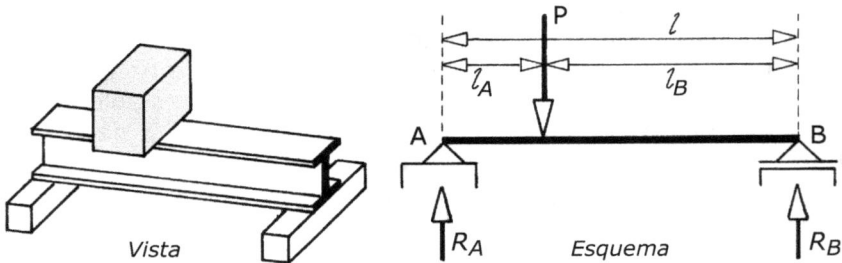

Fig. 2.14 Viga simplemente apoyada

En figura 2.14 mostramos el esquema de una viga rígida de largo l simplemente apoyada en sus extremos. A una distancia l_A del extremo izquierdo A (y a una distancia l_B del extremo derecho B), se coloca una carga puntual de valor P. Vamos a usar este elemental problema como ejemplo típico. Mediante un simple cálculo con ecuaciones algebraicas pueden determinarse las reacciones R_A y R_B que debe soportar cada uno de los apoyos. El procedimiento es muy simple y lo tratamos enseguida. A causa de una razón simplemente geométrica, fácil de ver en la figura, se cumple la siguiente relación:

$$l_A + l_B = l \qquad\qquad \textbf{(2.2)}$$

Por razones físicas, de simple sentido común, se cumplen también las dos siguientes ecuaciones:

$$R_A + R_B = P \qquad \textbf{(2.3)}$$

$$R_A \, l_A - R_B \, l_B = 0 \qquad \textbf{(2.4)}$$

La primera, porque la suma de las reacciones debe ser necesariamente igual a la carga aplicada, para poderla soportar. La segunda, porque para que un cuerpo esté en equilibrio (sin moverse), la suma de los momentos (o cuplas) con relación a un punto cualquiera del plano, debe ser nula. (Recordamos que momento es el producto de una fuerza por su distancia a un punto). Se eligió como referencia el punto en donde está aplicada la carga, por lo que el momento de ella misma resulta nulo al serlo la distancia a sí misma. El valor $R_A \, l_A$ es positivo porque tiende a hacer girar el sistema en el sentido de las agujas de un reloj. En vez, $R_B \, l_B$ es negativo, porque actúa en sentido contrario al anterior. Evidentemente en este ejemplo, las incógnitas son las reacciones R_A y R_B, y los datos son la carga P y las distancias l_A, l_B y l. Hacemos operaciones algebraicas con las ecuaciones (2.2), (2.3) y (2.4) obteniendo:

$$R_A \, l_A = R_B \, l_B = (P - R_A) \, l_B = P \, l_B - R_A \, l_B \qquad \textbf{(2.5)}$$

$$R_A \, l_A + R_A \, l_B = P \, l_B \qquad \textbf{(2.6)}$$

$$R_A \, (l_A + l_B) = P \, l_B \quad \text{o también} \quad R_A \, l = P \, l_B \qquad \textbf{(2.7)}$$

Despejando, surge la primera solución:

$$R_A = P \frac{l_B}{l} \qquad \textbf{(2.8)}$$

Por igual procedimiento se obtiene la segunda solución:

$$R_B = P \frac{l_A}{l} \qquad \textbf{(2.9)}$$

Queda explicado de este modo, que los problemas de la ingeniería se resuelven planteando una serie de ecuaciones matemáticas basadas en hechos de la física y luego, resolviendo el conjunto de las ecuaciones planteadas, en la forma más simple posible, sin virtuosismos matemáticos.

Por este procedimiento, la ingeniería ha encontrado a lo largo de su historia una serie de ecuaciones que permiten calcular los elementos necesarios. La mayoría de ellas están en los manuales y han sido preparadas por investigadores y estudiosos (ingenieros científicos, como definimos más arriba). Los ingenieros profesionales, simplemente, las emplean. Veamos un caso, para ejemplificar.

Todos sabemos que un motor, sea eléctrico (de un aparato electrodoméstico), como térmico (de un automóvil), grande o pequeño, va elevando su temperatura a medida que funciona, hasta alcanzar su régimen estable. La ecuación encontrada para representar a este fenómeno es la siguiente:

$$\theta = \theta_{mx} \left[1 - e^{-t/T} \right] \qquad \textbf{(2.10)}$$

En esta expresión, θ es la elevación de temperatura (por encima de la del ambiente) transcurrido el tiempo t, después de haberlo puesto en marcha. El valor θ_{mx} es la temperatura máxima (por encima de la del ambiente) que habrá de alcanzar el motor en marcha estable. El valor $e = 2,7182...$ es un número típico de la matemática, semejante al famoso π. El valor t, que figura como exponente, es el tiempo transcurrido desde que ponemos en marcha el motor, en frío, hasta el momento que alcanza la temperatura θ. Finalmente T es una constante constructiva del motor, que depende de su forma, tamaño y materiales. Cada motor tiene un valor T que lo caracteriza.

Finalmente, digamos algo sobre los **coeficientes de seguridad.** En los cálculos de ingeniería -particularmente de la ingeniería civil en las construcciones- es común que se calculen los *valores de trabajo*, que son las cantidades que resultan de las fórmulas. Con esos valores, los materiales resisten los esfuerzos a que son sometidos. Pero siempre el proyectista se pone a cubierto dimensionando con valores lejanos a la rotura o colapso de las estructuras.
En general, este coeficiente se expresa como una fracción del tipo *1/ n* y está reglamentado para cada tipo de obra.

2.6 Especificaciones y datos garantizados

Realizado un proyecto de ingeniería -sea para una obra singular, como para un producto a fabricarse en serie, como explicamos en el punto 2.3 de más arriba- es necesario pensar en la forma de financiación y en la forma de contratación. Para ello, no alcanza con los planos del proyecto, sino que estos deben estar acompañados por una serie de documentos escritos y gráficos que ayuden a interpretar los planos y permitan fijar **términos económicos y legales**. En definitiva, se deben crear los documentos que permitan contratar la obra, o comprar los elementos para la construcción en serie, o ambas cosas.

Para concretar una obra de ingeniería es necesario contar con un **Pliego de compra** o **Pliego de licitación**, que es un memorial descriptivo de las condiciones o cláusulas que se proponen y que se aceptarán en el futuro contrato que unirá a las partes, contratista y contratante. El mismo, consiste en lo que usualmente se denomina el **Pliego de Condiciones** que es un documento que debe contener todos aquellos elementos informativos que un oferente necesita para preparar una oferta conforme lo que requiere el comprador. Todo debe quedar dentro de los límites deseados, como también aquellas normas o elementos de juicio que permitan establecer un **Contrato** hasta su conclusión. Sin pretender agotar el tema, a continuación definimos los principales elementos que se suelen encontrar en los pliegos de condiciones.

Cláusulas Generales. Es el conjunto de disposiciones que rigen en la organización que compra y surgen de la naturaleza de la misma, de su estructura comercial o social, de sus normas jurídicas, de sus hábitos comerciales y de las exigencias técnicas recomendadas por su propia experiencia. Estas normas se aplican a todo tipo de compra. Como ejemplo citaremos la forma de adjudicación y la forma de pago, la forma de redactar los contratos, las multas y los premios, los avales bancarios, las normas técnicas a emplear, las formalidades para la recepción y otras.

Cláusulas Particulares. Es el conjunto de disposiciones que rigen en particular para la obra o producción que se desea comprar o licitar y que pueden agregarse a las Cláusulas Generales o sustituir a alguna de ellas para este caso particular. Como ejemplo citaremos el objeto de la obra, el emplazamiento, los combustibles a emplear, las divisas que se prefieren para las transacciones, las áreas comerciales admitidas para la toma de créditos, los materiales críticos, la protección ambiental, las formas de pagos, la forma de inspecciones, las certificaciones de avance de obra y otras.

Documentación. Es el conjunto de informaciones que se deben presentar y que aseguran al contratista la seriedad y solvencia del oferente. Estos documentos son de muy distinta naturaleza, sobretodo si se trata de licitaciones de entidades del estado. Citemos como ejemplos los avales bancarios, los documentos probatorios de la capacidad económica y financiera, la nómina de obras anteriores, las informaciones sobre maquinaria y medios disponibles y otras.

Especificaciones Técnicas. Es el conjunto de datos destinados a individualizar las características técnicas que han de tener todos los componentes de la obra o del elemento tratado. Citemos como ejemplos el tipo de máquina a instalar, la potencia de las mismas, la velocidad de régimen, el tipo de cemento a emplear, los equipos a usar en determinadas tareas, las exigencias en cuanto a ensayos de entrega y otras.

Datos Garantizados. Hay un cierto número de valores que deben ser garantizados por el contratista. En caso de no cumplirlos, el comitente puede rechazar la obra o el componente, o en su defecto, aplicar multas o premios proporcionales al apartamiento del número exigido. Debe tenerse en cuenta que en obras singulares de gran envergadura y costo, nunca es posible asegurar totalmente que una vez concluida la misma, se cumplan con rigor matemático ciertos valores exigidos. Hay límites de *razonabilidad* a tener en cuenta por causa de *imponderables* o *imprevistos.* Tomemos por ejemplo, en una turbina de avión, el empuje, la temperatura de los gases del escape, el nivel de vibraciones y otros, son ejemplos de datos garantizados.

Cómputos son por lo regular planillas en las que consignan cada uno de los materiales, componentes, equipos, o etapas, para poder determinar claramente la cantidad necesaria de cada uno. Con el cómputo de todos los componentes de una obra, se puede hacer el **Presupuesto** con más facilidad.

En los cómputos, por ejemplo de un edificio de propiedad horizontal, se toma en cuenta cada una de las partes componentes. Si elegimos la instalación eléctrica, el cómputo tendrá las cantidades de todos los componentes. La tabla 2.3. muestra el cómputo de la instalación eléctrica para una pequeña construcción de solo tres locales o ambientes.

TABLA 2.3 *Cómputo de materiales eléctricos necesarios para tres locales*

Local N°	Conductores				Caños			Cajas				Llaves			Pulsador	Teléfonos	Tomas
	0,8	1,0	1,5	4,0	12,5	15,4	18,6	OC	OG	R	C	S	D	T			
1	9	30	10	10	6	7	4	2	1	4	-	1	-	1	1	1	3
2	6	30	-	5	15	-	3	1	-	2	2	1	-	-	-	-	1
3	-	20	-	6	8	-	4	2	-	3	-	-	1	-	-	-	1
Total	15	80	10	21	29	7	11	5	1	9	2	2	1	1	1	1	5

La tabla del cómputo nos está indicando que en total, para esta obra, se necesitan las siguientes cantidades totales de materiales:

15 *metros* de conductor de 0,8 *milímetros cuadrados* de sección
80 *metros* de conductor de 1,0 *milímetros cuadrados* de sección
10 *metros* de conductor de 1,5 *milímetros cuadrados* de sección
21 *metros* de conductor de 4,0 *milímetros cuadrados* de sección
29 *metros* de caño de 12,5 *milímetros* de diámetro
7   *metros* de caño de 15,4 *milímetros* de diámetro
11 *metros* de caño de 18,6 *milímetros* de diámetro
1   cajas octogonales grandes de techo
5   cajas octogonales chicas de techo
9   cajas rectangulares de pared
2   cajas cuadradas de paso
2   llaves interruptoras simples o de un punto
1   llaves interruptoras dobles o de dos puntos
1   llaves interruptoras triples o de tres puntos
1   pulsador para timbre
1   teléfono
5   tomascorriente

Conviene señalar que este tipo de tabla, es también adecuada para realizar los **Inventarios**, que consisten en un exámen de todo lo existente, a fin de poder evaluar una obra o instalación industrial.

Finalmente conviene recordar que muchas obras de ingeniería son de larga duración -por ejemplo, 2 a 6 años- y que en transcurso de las mismas, surgen situaciones de muy diversa naturaleza imposibles de conocer a la época de la contratación. Una de esas circunstancias es el precio de algunos componentes, de algunos materiales y de la misma mano de obra necesaria. También, el valor de la divisa en que se pagarán algunos componentes o materiales. Por ello, en muchas obras de gran aliento se convienen **fórmulas de reajuste de precios** dentro de las cláusulas generales. Son expresiones polinómicas matemáticas, que sirven para determinar el precio general, en caso de ocurrir una variación en el transcurso de las obras.

Para ilustrar mejor lo dicho, veamos la tabla 2.4, las principales especificaciones generales de una obra electromecánica importante, como es una locomotora de ferrocarril.

TABLA 2.4 Especificaciones generales de una locomotora de ferrocarril[32]

Potencia de la locomotora	
Bruta	1 650 *HP* (✶)
Para tracción	1 500 *HP*
Motor diesel	
Número de cilindros	12
Disposición de los cilindros	En "V" a 45º
Diámetro de cilindros y carrera	230,1 *mm* y 254 *mm*
Relación de compresión	16:1
Sentido de rotación,	Contrario a las agujas del reloj
visto desde el volante	900 *RPM* (revoluciones por minuto)
Velocidad máxima del motor	315 *RPM* (revoluciones por
Velocidad del motor a vacío	minuto)
Principio de operación	Ciclo de 2 tiempos
Forma de refrigeración	Por agua
Generador eléctrico principal	
Tensión nominal en corriente continua	600 *Volt*
Intensidad a régimen continuo	1 600 *Amper*
Generador auxiliar	
Tensión	74 *Volt* a corriente continua
Potencia	18 *kW* (kilowatt)

(✶) *En capítulo 3 explicaremos mejor las unidades de potencia y otras de esta tabla.*

Tabla 2.4 *(Continuación)*

Motores de tracción	
Cantidad	6 de corriente continua
Tipo constructivo	Bobinado excitador en serie
Régimen de trabajo:	
• *Continuo*	450 *Amper*
• *Para 1 hora solamente*	485 *Amper*
• *Para ½ hora solamente*	510 *Amper*
• *Para ¼ de hora solamente*	545 *Amper*
Velocidad máxima (Relación de engranajes 62:15)	105,70 *k/h* (kilómetros por hora)
Velocidad mínima continua a plena potencia	15,28 *k/h* (kilómetros por hora)
Bogue	
Ruedas	6 pares
Espesor de las llantas	63,50 *mm*
Diámetro	1 016 *mm*
Zapatas	Fundición de hierro
Longitud total	5,448 *m*
Ancho	2,54 *m*
Distancia entre ejes	1,836 *m*
Dimensiones principales de la locomotora	
Altura hasta el protector del ventilador (altura)	3,95 *m*
Distancia entre placas extremas (largo)	14,18 *m*
Distancia entre centros de bogue	8,07 *m*
Distancia entre el eje Nº 1 hasta el eje Nº 6	11,71 *m*
Capacidad de aceite lubricante	625 *litros*
Capacidad de agua de refrigeración	655 *litros*
Capacidad de arena para frenos	0,25 *m³*
Capacidad de combustible a tanque básico	2 840 *litros*
Peso total de la locomotora, con el máximo de suministros	85,9 *toneladas*

(*****) *En capítulo 3 explicaremos mejor las unidades de potencia y otras de esta tabla.*

2.7 Dirección de la producción de bienes y servicios

Es muy frecuente que el ***ingeniero profesional***, tal como lo hemos mencionado en el acápite 1.6.3, deba afrontar la dirección de proyectos; o la dirección de obras; o la dirección de la producción industrial; o la dirección de sistemas prestadores de servicios. En esos casos, como conocedor del problema en sus intimidades técnicas, está en ventaja para cumplir esas misiones. En esas tareas, los ingenieros por lo regular actúan dentro de una organización empresaria, en la que se distinguen fácilmente áreas tales como producción, operación y mantenimiento. Este tipo de organización contiene a su vez, oficinas de proyectos, laboratorios de ensayos y las usuales de personal, administración, compras, etc.

Todo proceso productivo -sea la fabricación de una cosa, la construcción de una obra o la atención de un servicio- resulta indispensable ***descomponerlo en sus partes***, y asignarle a cada una de esas partes, tiempos, materiales, componentes, equipos y mano de obra. Si de realizar un proyecto se trata o de construir la obra misma, lo más normal es que el ingeniero jefe de la misma establezca un ***Diagrama de Gantt***, que es un simple gráfico de barras. En casos más complejos, empleará el ***Método del Camino Crítico***, sobre el cual existen programas de computación para hacer el trazado y luego su seguimiento y control de avance. Con esos elementos se pueden estimar los tiempos previsibles para la realización de cada parte o etapa y a la vez, hacer luego el seguimiento global. En la tabla 2.5 mostramos el gráfico de barras de una obra muy simple, como es la construcción de un edificio de propiedad

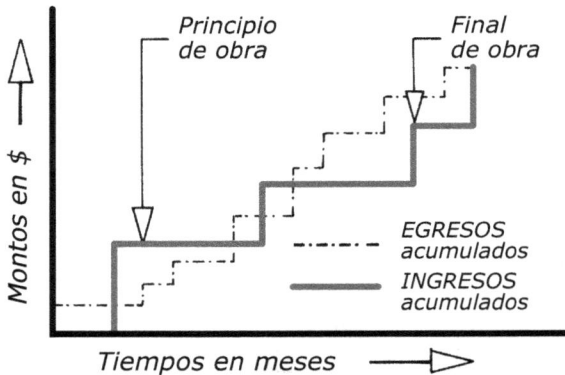

Fig. 2.15 Gráfico de los gastos y pagos con el tiempo, en una obra

horizontal. En la figura 2.15 apreciamos como se lleva el control de las erogaciones necesarias, en función del tiempo.

En esta última figura 2.15 apreciamos con una línea como evolucionan las sumas de dinero necesarias para afrontar la construcción. Con otra línea, la forma en que se van recibiendo los pagos establecidos. En referencia a los tiempos previstos para cada etapa de una obra, la tabla 2.5 nos permite apreciar el caso de una casa común de departamentos, mediante un **diagrama de Gantt.**

TABLA 2.5 Gráfico de barras para una obra civil simple
(Diagrama de Gantt)

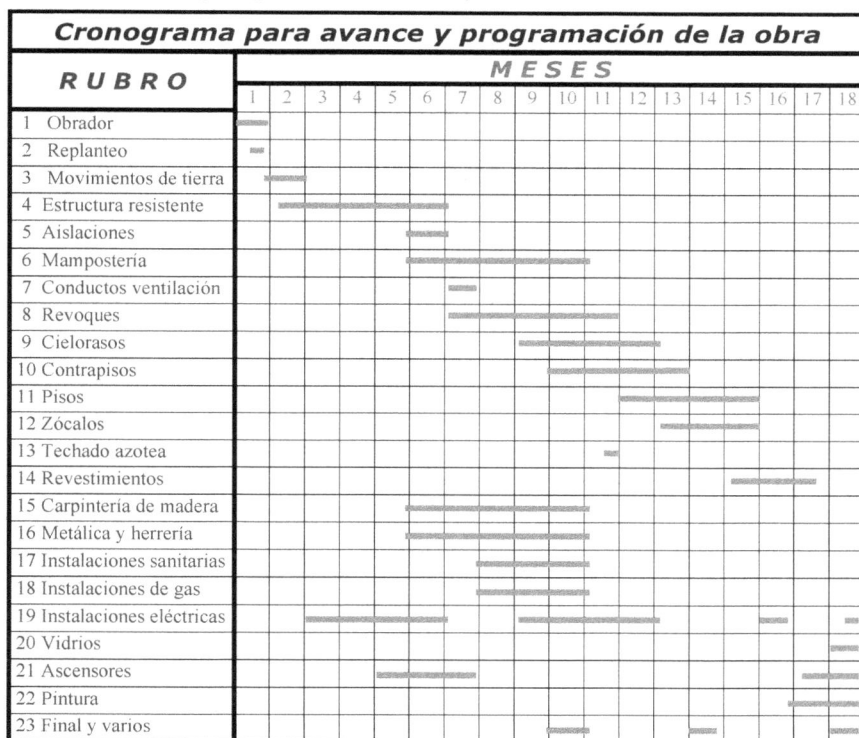

Cronograma para avance y programación de la obra																		
RUBRO	**MESES**																	
	1	2	3	4	5	6	7	8	9	10	11	12	13	14	15	16	17	18
1 Obrador	▬																	
2 Replanteo	▬																	
3 Movimientos de tierra	▬	▬																
4 Estructura resistente		▬	▬	▬	▬													
5 Aislaciones					▬													
6 Mampostería					▬	▬	▬											
7 Conductos ventilación								▬										
8 Revoques							▬	▬										
9 Cielorasos									▬									
10 Contrapisos										▬	▬							
11 Pisos												▬						
12 Zócalos													▬	▬				
13 Techado azotea											▬							
14 Revestimientos															▬	▬		
15 Carpintería de madera					▬	▬	▬											
16 Metálica y herrería					▬	▬	▬											
17 Instalaciones sanitarias								▬	▬									
18 Instalaciones de gas								▬	▬									
19 Instalaciones eléctricas			▬	▬	▬	▬	▬	▬	▬						▬			▬
20 Vidrios																		▬
21 Ascensores				▬	▬	▬	▬									▬		
22 Pintura																▬	▬	▬
23 Final y varios								▬					▬				▬	

El diagrama de barras, con asignación de los tiempos para cada etapa, permite prever la regulación de las entregas y acopio de los materiales, la intervención oportuna de los diversos gremios o especialidades que se necesitan, el alquiler de equipos especiales y las disponibilidades de fondos para afrontar las compras y pagar los salarios. El concepto de *"justo a tiempo"* de cada etapa, permite el cumplimiento de los términos del contrato.

En general, todo proceso productivo puede descomponerse en etapas o partes, algunas de ellas secuenciales e inclusive, algunas, superpuestas con otras y que deben hacerse al mismo tiempo. En la producción de bienes -construcción de obras, montaje de equipos o maquinarias, o procesos de producción industrial- lo que se hace es una transformación de los insumos en otro producto nuevo. En la producción de servicios -transporte de personas, suministro de energía eléctrica, suministro de gas, suministro de agua potable- en vez, lo que se hace es mantener operable una obra de ingeniería existente, para que pueda cumplir la misión para la que fue concebida. En todos estos conjuntos productivos, el ingeniero debe analizar la entrega de los insumos, los tiempos de espera, los tiempos de producción, los repuestos necesarios, el almacenamiento de productos terminados o en curso de fabricación, la forma de entrega del producto terminado, la probabilidad de uso del servicio por los clientes, los horarios de utilización y muchos factores más. Todo esto obliga a un análisis minucioso del proceso en su conjunto, como también atender a la calidad del producto o del servicio prestado. También debe atenderse la forma de emplear los recursos humanos y la forma de preservar el medio ambiente.

En la tabla 2.5 también vemos como se ha descompuesto una obra, pero ese mismo tipo de gráfico es útil para hacer el **Control de gestión**, entendiendo por tal, a todos los actos que permitan el seguimiento de los hechos en forma de controlar que el diagrama de barras se cumpla. De ese modo, ante cualquier imprevisto o contingencia no planificada, se debe actuar para *corregir sobre la marcha.* El control de gestión puede estar a cargo de equipos especiales, diferentes a los de la línea de producción, para desafectar al control de los factores personales. Materialmente consiste en una serie de informes escritos, entregados en fechas pactadas, mediante los cuales los medios de dirección pueden tener una visión continuamente actualizada de los procesos productivos.

En grandes obras también se emplea el **diagrama de camino crítico**, que constituye un planeamiento sistemático de la asignación y programación de los recursos del proyecto. Con su empleo se optima el uso de la mano de obra y los equipos disponibles. Para aplicar este método se siguen los siguientes pasos:

1º   Se construye un diagrama de flechas para indicar el orden de las actividades.

2º   Se asignan tiempos *"normales"* a cada actividad.

3º   Se calculan los tiempos de comienzo y terminación más tempranos y más tardíos.

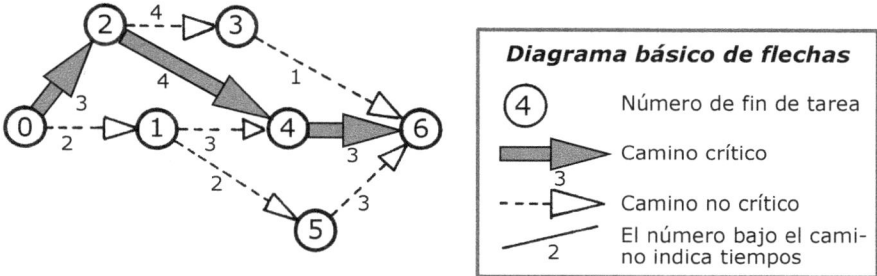

Fig. 2.16   Esquema inicial de diagrama de camino crítico

En la figura 2.16 tenemos un ejemplo simple de este sistema. Cada flecha representa una determinada actividad. Los puntos en donde comienzan y terminan las flechas se designan mediante círculos numerados, llamados *"acontecimientos"*, *"nodos"* o *"conectores"*. Son instantes sin duración de tiempo. Para mayor facilidad van numerados de manera que el número en cada punta de flecha siempre es mas alto que el número de la cola. La red trazada indica el flujo lógico de trabajo y sirve de modelo de ejecución en su totalidad. Después de trazar el diagrama de flechas, se hace una estimación de la duración del tiempo normal de cada actividad, conforme los hábitos usuales en cada una de ellas.

A continuación se efectúan los cálculos para determinar las terminaciónes más tempranas y más tardías de cada actividad. Estos cálculos permiten identificar el *"camino crítico"*, que es el camino a lo largo del cual la suma de las estimaciones de tiempos es mayor que a lo largo de cualquier otro camino posible. Los otros caminos *"no críticos"*, permiten conocer el tiempo de las demoras posibles o previsibles.

En la figura 2.16 los números debajo de las flechas indican la duración de la tarea en días, o semanas, o meses. Identificado el *"camino crítico"* el diagrama de flechas se *"reordena"* como enseña la figura 2.17.

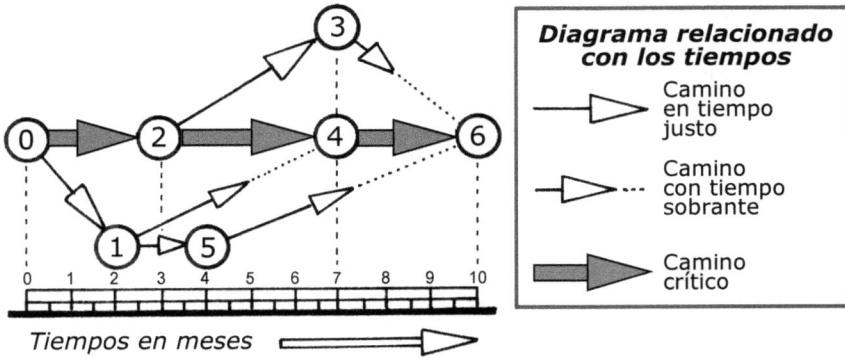

Fig. 2.17 Esquema rectificado de camino crítico de figura 2.16

Nótese que es igual que el de figura 2.16, pero agregando los caminos*"no críticos"*, los que se pueden ordenar de muy diversas formas para lograr una economía de recursos humanos y materiales.

2.8 Peritajes, auditorías, consultoría y estudios

Los ingenieros pueden actuar como **peritos**, cuando un juez requiere una opinión especializada en un acto jurídico. La tarea del perito es emitir una opinión imparcial sobre un hecho que se le presenta, ateniéndose únicamente a los aspectos de su competencia profesional. El perito debe poner su técnica al servicio de la verdad y sumarse a la justicia. Para ello debe tener en cuenta el punto de vista del juez, sin perjuicio de expresar sus propias subjetividades y recordar que la pericia no es un fin en si misma, sino que se hace para ilustrar al juez. Los informes de un perito no deben ser demasiado técnicos y la forma de expresión escrita, debe tener en cuenta que lo deben leer e interpretar personas que no son técnicos. Esto implica -muchas veces- recurrir a formas simples o similitudes para explicar asuntos complejos de base científica, con una fuerte dosis de imaginación y sentido pedagógico. Por otra parte, el perito debe abstenerse de emitir juicio sobre el asunto que se está litigando.

Las **Auditorías técnicas** son inspecciones que un ingeniero realiza por encomienda de un comitente. Se hacen sobre obras, materiales, maquinarias, sistemas o componentes para verificar la calidad, comprobar existencia, medir cantidades técnicas, presenciar ensayos de laboratorio, concurrir a la puesta en marcha, examinar documentación técnica, reconocer el funcionamiento, observar el desarrollo de una tarea técnica, revisar el estado de conservación, revisar el estado de uso, observar fallas y otras tareas similares. Por lo regular, la tarea de un auditor se circunscribe a observar lo encomendado, sin abrir juicio técnico, ni recomendar acciones correctivas. La auditoría concluye con un informe de situación.

La **Consultoría** es un servicio que en Argentina ha pasado por etapas de diferente naturaleza. Tuvo su mayor actividad cuando las empresas del estado contrataban consultoría, para suplir o complementar a sus oficinas técnicas. Las tareas principales han sido la preparación de proyectos, la dirección de obras y la elaboración de estudios. Bajo estas características se constituyeron en empresas de ingenieros y tuvieron amplio desarrollo, habiendo participado en el proyecto y construcción de grandes obras argentinas. Al privatizarse las empresas del estado, las nuevas gerencias cambiaron las modalidades de contratación de este tipo de servicio, por lo que al momento de escribirse este texto, pasan por una etapa de reducción de actividad. Si nos atenemos a la experiencia extranjera -particularmente de Estados Unidos de Norteamérica y de Europa- este tipo de empresa debiera tener bastante importancia en un futuro. Es de esperar que las empresas que actúan en Argentina -pero de capital internacional y con bases directivas en otros países- contraten en el país servicios de consultoría en vez de hacerlo en sus oficinas del exterior.

Los **Estudios** son trabajos que se encargan, muchas veces, a empresas consultoras, o también a profesionales independientes, según la magnitud. Pueden servir para estudiar la factibilidad de una obra, o una inversión industrial, o la ampliación de un servicio. Consisten en ejecución de cálculos especiales, anteproyectos, ensayos de laboratorio, búsqueda de datos para iniciar un proyecto, revisión de cálculos, y otras tareas simulares.

2.9 Ejemplos resueltos

Ejemplo resuelto 2.9.1

Datos: Presentar en una tabla sintética, las principales partes de una gran obra de ingeniería, y las previsiones de sus etapas de construción.

Solución: Consultamos la revista del Centro Argentino de Ingenieros[31] que contiene una descripción general de este tipo de obra, pudiendo realizar la tabla siguiente.

TABLA 2.6   Central hidroeléctrica "Yacyreta". Obra binacional de Argentina y Paraguay. Potencia máxima garantizada: 2 700 MW

(Valores en millones de U$S corrientes)

COMPONENTE	INVERSIONES		
	1993/95	1996/98	1993/98
Obras civiles	1.098,8	685,9	1.784,7
Equipo de construcción	335,8	39,3	375,1
Obras civiles adicionales	5,4	0,0	5,4
Equipos generadores	13,0	87,5	100,5
Equipos electromecánicos	303,9	77,8	381,7
Expropiaciones e indemnizaciones	256,8	70,2	327,0
Protección del medio ambiente	67,7	133,1	200,8
Reasentamientos poblacionales	61,5	54,4	115,9
Obras de infraestructura	50,3	75,0	125,4
Ingeniería y administración	4,3	148,6	152,9

Esta tabla resúmen permite apreciar la magnitud de la obra, las inversiones necesarias para realizarla y los tiempos.

Ejemplo resuelto 2.9.2

Datos: Se tiene un puente ferroviario que se puede asemejar a la forma de una viga simplemente apoyada en sus extremos, de *36 metros* de largo, como muestra el croquis de figura 2.18. Una locomotora de *P = 80 toneladas (80 000 kilogramos)* que actúa como una carga móvil, se coloca en tres posiciones distintas sobre la viga. Se trata -aproximadamente- de la locomotora de la tabla 2.4 anterior. Se pide lo siguiente:

⇨ *Primero:* cuando la locomotora está pasando exactamente por el centro de la viga, es decir, a *18,0 metros* de cada extremo.

⇨ *Segundo:* cuando la locomotora se encuentra exactamente a un tercio del extremo *A*, es decir, a *12.0 metros* del mismo.

⇨ *Tercero:* cuando la locomotora está exactamente sobre el extremo *A*.

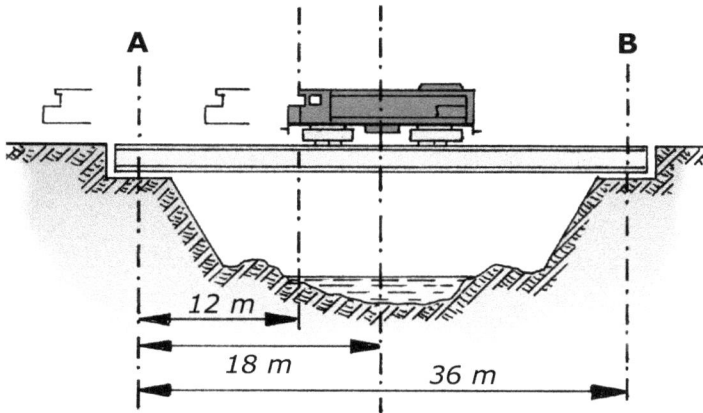

Fig. 2.18 Croquis de una locomotora diesel cruzando un puente

Se solicita conocer que peso soportarán los dos extremos A y B en cada caso.

Solución: Se emplearán las fórmulas (2.8) y (2.9) antes deducidas.

Primer caso, la carga está en el centro, es decir: $l = 36,0\ m$, $l_A = 18,0\ m$ y $l_B = 18,0\ m$.

$$R_A = P\frac{l_B}{l} = 80\frac{18}{36} = 40 \quad toneladas \qquad (2.11)$$

$$R_B = P\frac{l_A}{l} = 80\frac{18}{36} = 40 \quad toneladas \qquad (2.12)$$

El resultado es lógico. Al estar la locomotora exactamente en el centro del puente, cada extremo debe soportar la mitad del peso. Supongamos ahora que la locomotora está a 12 m del extremo A, que equivale decir, a 24 m del extremo B.

$$R_A = P\frac{l_B}{l} = 80\frac{24}{36} = 53,33 \quad toneladas \qquad (2.13)$$

$$R_B = P\frac{l_A}{l} = 80\frac{12}{36} = 26,66 \quad toneladas \qquad (2.14)$$

Evidentemente, al estar la locomotora más cerca del extremo A, mayor es su influencia sobre el apoyo en ese punto y menor sobre el otro *B*. Por supuesto que se verifica que *53,33 + 26,66 = 79,99*. No es exactamente *80*, porque se han despreciado decimales en los resultados de las fórmulas, lo que resulta de aplicar las **tolerancias**. Finalmente, en el tercer caso, la locomotora está exactamente sobre el extremo *A*.

$$R_A = P\frac{l_B}{l} = 80\frac{36}{36} = 80 \qquad \textbf{(2.15)}$$

$$R_B = P\frac{l_A}{l} = 80\frac{0}{36} = 0 \qquad \textbf{(2.16)}$$

También en este caso, el resultado es lógico. Al estar la locomotora sobre el extremo *A*, descansa todo su peso en ese punto, mientras que en otro extremo *B* no soporta ningún peso. Como la locomotora es una carga móvil, se puede apreciar que su efecto sobre los apoyos del puente es variable, según la posición por la que esté pasando.

De advertirse que este problema se ha realizado, aplicando una **hipótesis simplificativa.** Se ha supuesto que la locomotora actúa como una *"carga puntual"*, es decir, representable por un solo punto de apoyo sobre el puente, lo que no es cierto. La locomotora tiene varias ruedas y cada una de ellas se apoya en el puente y es una fuerza. La solución exacta del problema es más compleja que como se ha representado aquí y la solución exacta se estudia en teoría de las estructuras, en ingeniería civil.

Ejemplo resuelto 2.9.3

Datos: Uno de los motores de tracción de un coche de subterráneo, tiene *250 HP* de potencia útil en su eje. Con adecuados métodos de laboratorio al fabricarlo, se ha encontrado que su constante *T = 2,798 hora*. En un ensayo, por medio de cronómetro y termómetros oportunamente colocados, se ha determinado que partiendo en frío con una temperatura igual a la del ambiente de *20° C*, a *1 hora* de funcionar, alcanzó una temperatura de *40° C (20° C por encima del ambiente)*. Se necesita conocer la temperatura máxima que alcanzará.

Solución: Para solucionar el caso emplearemos la fórmula (2.10). De la misma despejamos lo que nos interesa, en la forma que sigue. Partimos poniéndonos de acuerdo sobre los términos a emplear, del modo que sigue.

θ_a = Temperatura ambiente = *20º C* (Dato)
θ_{mx} = Sobreelevación de emperatura máxima que alcanzará el motor, en *ºC*
θ = Sobreelevación de temperatura en un momento cualquiera, en *ºC* (Dato)
t = Tiempo en *horas* en un momento cualquiera (Dato)
T = Constante propia del motor (cada motor, tiene su valor), en *horas* (Dato)

De la (2.10) despejamos algebraicamente lo que nos interesa.

$$\theta_{mx} = \frac{\theta}{1 + e^{-t/T}} \tag{2.17}$$

En esa expresión, reemplazamos los valores que tenemos y hacemos las operaciones, teniendo en cuenta lo que sigue.

θ = *20º C*. Sumándole la temperatura ambiente, el motor estará a *40ºC* al cabo de una hora de funcionar.
t/T = *1 hora / 2,798 hora = 0,3573...* (Es suficiente tomar cuatro decimales)
$e^{-t/T} = e^{-0,3573} = 0,6995$ (Operación hecha con una simple calculadora de bolsillo)

$$1 - 0,6995 = 0,3004$$

Reemplazando en la (2.17)

$$\theta_{mx} = \frac{20}{1-0,6995} = \frac{20}{0,3004} = 66,5ºC \tag{2.18}$$

Por lo tanto, la sobreelevación máxima previsible es de *66,5 º C*, que sumados al ambiente proporcionan la emperatura que alcanzará el motor, es decir, *66,5 + 20 = 86,5º C*, que sería lo que indicaría un termómetro. Se observa que con este procedimiento no es necesario hacer funcionar el motor varias horas, para conocer la temperatura final que alcanzará. Este valor tiene importancia, para preservar las aislaciones que se deterioran con temperaturas altas.

Ejemplo resuelto 2.9.4

Datos: Se tiene una tubería cuya sección es circular, de *30 cm* (*30 centímetros*) de diámetro interior. Por la misma circula un caudal de *100 m³ / hora* (*100 metros cúbicos por hora*) de un producto del petróleo. Se desea saber la velocidad del fluído en la tubería.

Solución: El diámetro, en metros es, *D = 0,3 m*. Con ese diámetro calculamos la sección recta de la tubería, mediante la fórmula simple de la geometría.

$$S = \frac{\pi D^2}{4} = \frac{\pi 0,3^2}{4} = 0,0707 m^2 \qquad \textbf{(2.19)}$$

La tubería tiene una sección de *0,0707 metros cuadrados*. La velocidad media del fluído dentro de la tubería se calcula facilmente, pero previamente conviene convertir las unidades del caudal, en la forma que sigue. Recordemos que:

$$1\ hora = 3\ 600\ segundos$$

(Caudal) $\quad Q = \dfrac{100\ m^3 / hora}{3\ 600\ seg / hora} = 0,0278\ m^3 / segundo \qquad \textbf{(2.20)}$

La velocidad sale del siguiente cálculo, por una fórmula de la hidrodinámica:

$$V = \frac{Q}{S} = \frac{0,0278\ m^3 / segundo}{0,0707\ m^2} = 0,393\ metro / segundo \qquad \textbf{(2.21)}$$

2.10 Ejercicios propuestos

Ejercicio propuesto 2.10.1

En no más de diez renglones, hacer una estimación acerca del porcentaje de ingenieros y el porcentaje de científicos que podríamos estimar deben trabajar para proyectar una nave espacial, con relación a la cantidad total de personas involucradas en ese tipo de proyecto, consideradas como 100 %.

Ejercicio propuesto 2.10.2

Revisando en el acápite 2.2 el método de la ingeniería propuesto por el profesor Wright, hacer el ejercicio de imaginar cuantos ingenieros son necesarios en cada una de las siete etapas, para construir en serie un modelo nuevo de bicicleta en una fábrica existente.

Ejercicio propuesto 2.10.3

Un sistema eléctrico aislado (No conectado a ningún otro sistema importante) esta compuesto por los siguientes elementos principales:

♦ Una central productora de energía eléctrica, accionada por una turbina a gas de *20 MW* (20 megawatt), que en plaza se estima cuesta *900 US$ / kW* (900 dólares por kilowatt de potencia).

♦ Una línea de transmisión de *100 km* (*100 kilómetros*) que se estima cuesta *40.000 US$ / km* (*40 000 dólares por kilómetro*).

♦ Un transformador al final de la línea que cuesta *24 000 US$* (*24 000 dólares*).

♦ Todo el equipamiento de maniobra, auxiliares y restantes obras necesarias, pueden estimarse en un *15%* (*15 por ciento*) del total de los tres equipos electromecanicos.

Hacer una estimación del costo anual en *US$ / año* (*dólares por año*), de que es necesario disponer, para afrontar los costos de capital de este conjunto para devolver los créditos otorgados, suponiendo que todo el sistema se debe amortizar en *20 años*. No tener en cuenta los intereses en este cálculo.

Ejecicio propuesto 2.10.4

Una central nuclear de *600 MW* (600 *megawatt*) trabaja todos los días del año a plena potencia. Se estima que los costos de operación y mantenimiento de una central de este tipo son del orden de *15 US$ / kW-año* (15 dólares por kilowatt-año).
Hacer una estimación del costo anual de operación y mantenimiento.

Ejercicio propuesto 2.10.5

Hacer el cróquis de la vivienda en que se vive el lector, con sus dimensiones.

Ejercicio propuesto 2.10.6

Hacer el croquis, acotado, de una herramienta de las que se emplean en la casa para reparaciones caseras. (destornillador, pinzas, martillo,etc.)

Ejercicio propuesto 2.10.7

Repetir uno de los ejercicios propuestos anteriores (2.10.1; 2.10.2; 2.10.3 y 2.10.4, el que más agrade), pero modificando los datos de partida sobre la base de algún caso que se recuerde haber visto y estudiar cuantos decimales se estima necesarios para entregar el resultado y que hipótesis simplificativas parece prudente aplicar.

Ejercicio propuesto 2.10.8

Hacer el ejercicio de escribir las especificaciones generales a que debiera responder la construcción de una parada de transportes colectivos (omnibus, etc.) de la ciudad en que se vive, cuidando de respetar todos los reglamentos del tránsito, las medidas de seguridad, las medidas de confort del conductor y pasajeros y también, porque nó, el sentido común.

Ejercicio propuesto 2.10.9

Si es necesario hacer el proyecto de un puente sobre un gran río, ¿cuales serían las grandes etapas del proyecto?.

Ejercicio propuesto 2.10.10

Si se encarga la fabricación de un nuevo producto en una fábrica de lácteos, hacer un primer borrador con los pasos necesarios para crear la sección correspondiente.

Ejercicio propuesto 2.10.11

Si una fábrica de neumáticos pierde clientes por ser muy altos sus costos, que pasos habría que proponer al directorio de la empresa, para encontrar la solución.

Ejercicio propuesto 2.10.12

Si un tren atropella a un camión en un paso a nivel, y un juez encarga un peritaje para determinar los daños directos e indirectos del accidente sobre el dueño del camión, como se debería planear el trabajo.

Ejercicio propuesto 2.10.13

Los clientes de una fábrica de vino envasado en botellas, se quejan porque los contenidos no se ajustan a lo indicado en la etiqueta. Como se planearía el peritaje de la producción, para verificar esta situación.

Ejercicio propuesto 2.10.14

Una línea aérea encarga un estudio para conocer el grado de ocupación de sus aviones en todos los vuelos. Como se debiera organizar el estudio.

Lámina 3 *Gasoducto Gasandes a través de la Cordillera de los Andes*

Techint Argentina S.A. Buenos Aires, Argentina

CAPITULO 3

LAS HERRAMIENTAS DE LA INGENIERIA

Resúmen

En este Capítulo se estudian las diversas herramientas de que se valen los ingenieros para sus tareas. En primer lugar hacemos mención de las normas, para continuar con las magnitudes empleadas, sus dimensiones y unidades, donde se aplican las tolerancias. Luego se comentan las formas de representación y la informática como apoyo en toda la ingeniería.

3.1. Normas técnicas

Las **normas técnicas** son cuerpos de especificaciones muy estudiadas que se pueden aplicar a todos los **elementos de una mismas especie** y que tienen por finalidad **resguardar la seguridad de las personas y las cosas**, **abaratar los costos y asegurar la calidad**.

Las normas resultan producto de la experiencia y el análisis, constituyéndose en una disciplina que facilita la fabricación de productos, la construcción de obras y la operación de todo lo relacionado con la ingeniería. Existen normas generales y normas específicas, siendo su universo actual muy vasto. Hay normas internacionales y normas nacionales para cada país. Son muy importantes, porque al construir los diversos elementos y obras bajo normas, se conocen muchos datos y se puede, sobre la base de ellos, contratar, verificar, ensayar, construir, comprar y muy otras diversas fases en que la ingeniería está presente. En todos los países hay institutos encargados de preparar y mantener actualizadas las normas, labor que se hace por acuerdo.

Las normas son redactadas por Comités de personas que representan a los diversos intereses en juego. Primero se preparan borradores que, siguiendo una metodología acordada y mediante varias etapas, son sometidos a discusión pública. Concluida la etapa de difusión y discusión pública, se establecen normas provisorias por un tiempo, pasado el cual y de no haber observaciones, se transforman en definitivas. Luego, en forma periódica se revisan y actualizan.

Las normas no limitan la creatividad como pudiera pensarse a primera vista, sino que crean un vínculo entre producción, financiación, construcción, comercialización y consumo, asegurando a la vez, la seguridad general. Las ventajas pueden enumerarse como sigue:

Facilitan las tareas de supervisión
Orientan a la producción
Reducen los costos unitarios
Mejoran la comercialización
Aseguran las garantías técnicas
Simplifican el intercambio de productos
Permiten el estudio de accidentes

Las normas establecen condiciones que pueden ser perfectamente verificadas por medio de mediciones o ensayos. Esas mediciones o ensayos han sido tenidos en cuenta al redactar las normas, para que sean posibles con los elementos corrientes y conocidos. Muchas normas recomiendan el método a seguir para verificarlas. Por lo regular, las entidades del estado y los particulares tienen laboratorios en los cuales se pueden repetir las pruebas normalizadas y las mismas normas recomiendan sobre la forma de llevar a la práctica los ensayos de laboratorio o los elementos para las mediciones.

En Argentina las normas están a cargo de un instituto oficial, el **Instituto Argentino de Racionalización de Materiales**, conocido por la sigla **IRAM**, que es el encargado de redactar las normas argentinas. Cuando las normas argentinas no cubren una necesidad, es normal convenir el uso de otras. Así, entre las extranjeras más empleadas tenemos las siguientes:

Alemania: *Deutscher Normenausschuss (DIN)*
Estados Unidos: *American Society for Testing Materials (ASTM)*
Gran Bretaña: *British Standars Institution (BSI)*
Francia: *Association Francaise de Normalisation (AFNOR)*

Además de estas instituciones destinadas exclusivamente a redactar y actualizar las normas oficiales de un país, existen muchos Comités que reglamentan más en detalle cada rama específica de la ingeniería. En muchos casos, los fabricantes se agrupan y redactan las normas para sus productos, a efectos de que los clientes las conozcan.

Tabla 3.1 *Valores de servicio de iluminación recomendados para diversas clases de tareas visuales, conforme normas IRAM.*

Clase de tarea visual	Iluminación sobre el plano de trabajo en Lux	Ejemplos típicos de tareas visuales
Visión ocasional solamente	100	Movimientos seguros, por ejemplo en circulaciones dentro de edificios con poco tránsito. Salas de calderas. Depósitos de materiales toscos y voluminosos. Placares. Armarios.
Tareas intermitentes ordinarias y fáciles, con contrastes fuertes	100 a 300	Trabajos toscos, intermitentes y mecánicos. Inspección general. Contado de partes de stock. Colocación de maquinaria pesada.
Tareas moderadamente críticas y prolongadas, con detalles medianos	300 a 750	Trabajos medianos, manuales y mecánicos. Inspección y montaje. Trabajos comunes de oficina. Lectura. Escritura. Archivos.
Tareas severas. Tareas prologadas y de poco contraste	700 a 1 500	Trabajos finos, manuales y mecánicos. Montaje e inspección. Pintura extrafina. Sopleteado. Costuras de ropa oscura.
Tareas muy severas y prolongadas, con detalles minuciosos o de poco contraste	1 500 a 3 000	Montaje e inspección de mecanismos delicados. Fabricación de herramientas y matrices. Inspecciones con calibres. Trabajos de molienda fina.
Tareas excepcionalmente difíciles o importantes	5 000 a 10 000	Casos especiales, como el campo operatorio en una sala de cirugía.

Para mostrar como son las normas mediante un ejemplo fácil de interpretar, la Tabla 3.1 presenta una sección de la norma *IRAM-AADL J 20-06*, clasificación decimal universal 628 971 del instituto IRAM de Argentina, relativa a los niveles de iluminación recomendados, conforme el tipo de tarea a cumplir en un local dado. La unidad empleada es el *lux*, que es la unidad con que se mide la *iluminación* que recibe un plano horizontal iluminado por un conjunto de artefactos eléctricos y que citaremos más abajo.

3.2 Dimensiones y unidades

Todos los objetos y los hechos de la ingeniería tienen dimensión, es decir, tienen una cifra que los cuantifica e identifica, cifras que son las que se aplican en los cálculos que antes estudiamos en el acápite 2.5. Los **objetos de la ingeniería** son entidades de existencia física real y se los caracteriza por sus dimensiones. Damos algunos ejemplos. La dimensión de una autopista es su longitud en *kilómetros*. El largo del cigüeñal del motor de un automóvil lo indicamos en *centímetros*. El peso del rotor de una máquina eléctrica de una central generadora importante está dado en *toneladas*. El diámetro de una tubería en una destilería se expresa en *centímetros*. El peso específico de un producto del petróleo se indica en *kilogramos por decímetro cúbico*. El peso que se admite puede soportar el piso de una vivienda se especifica en *kilogramos por metro cuadrado*. Las vigas y columnas de una estructura de hormigón armado se indican en *centímetros,* o en *metros*, según la magnitud de las piezas. Ciertos espesores muy delgados, o distancias pequeñas entre piezas mecánicas en el conjunto de una máquina, se las identifica en *décimas de milímetro.*

Los **hechos de la ingeniería** son también entidades de existencia física real y deben medirse, pero no son objetos materiales. Damos algunos ejemplos. La temperatura del motor de un automóvil es la que medimos en alguno de sus componentes, como por ejemplo, el agua del radiador, en *grados centígrados*. El desplazamiento de la parte alta de un edificio durante un movimiento sísmico, lo expresamos en *centímetros*. El caudal de agua que pasa por las turbinas de una central hidroeléctrica se manifiesta en *metros cúbicos por segundo.* La cantidad de calor que transfiere un intercambiador de calor en un proceso químico, en *calorías por segundo y por metro cuadrado de superficie.* La velocidad de un automóvil en *kilómetros por hora*, y su aceleración en *metros por se-gundo y por segundo otra vez (por segundo al cuadrado)*.

Como terminamos de indicar, los objetos y hechos de la inge-niería tienen todos alguna **dimensión** y por lo tanto, deben usarse **unidades** para su medición. Remarquemos que en inge-niería, **medir es comparar una magnitud con otra de igual especie**, tomada como unidad. Por lo tanto, la medición de los grandores físicos de la ingeniería implica el uso de un cierto nú-mero de **unidades** adecuadamente seleccionadas.

En estos asuntos encontramos dos tipos de unidades: las *pri-marias*, que solo pueden ser medidas por medio de sus propias uni-dades y las *secundarias*, que derivan de las anteriores. Un ejemplo es la velocidad de un móvil, que es una unidad secundaria deriva-da de dos primarias; una la longitud y otra el tiempo que tarda en recorrerla.

A lo largo de la historia de la ciencia física, se pensaron y apli-caron varios sistemas de unidades, algunos de los cuales hoy solo tienen valor histórico. Como la ingeniería se sirve continuamente de los hechos del mundo físico, sus unidades quedaron vinculadas a las de la física, pero le impusieron su tónica. La preocupación de los físicos a lo largo de la historia fue encontrar un **sistema cohe-rente de unidades**. Además, que las unidades fundamentales ele-gidas como primarias tuvieran **la mayor aproximación posible con las que la práctica de la ingeniería imponía**. También se indagó mucho sobre las unidades secundarias, para que las mis-mas no requirieran coeficientes numéricos de adaptación, sino sim-plemente, utilizar las unidades primarias. Esa búsqueda condujo a que los fenómenos de la dinámica (capítulo de la física), eran los más apropiados para crear un sistema coherente de unidades. Se tomaron entonces como unidades fundamentales la **longitud L**, la **masa M** y el **tiempo T**. Todas las unidades secundarias quedaron de esa manera identificadas por medio de una simple ecuación matemática como la del tipo que sigue.

$$S = L^{\alpha} M^{\beta} T^{r}$$ **(3.1)**

donde: S = unidad de la cantidad secundaria que se busca
L = unidad de **longitud** primaria

M = unidad de **masa** primaria
T = unidad de **tiempo** primaria
α , β , γ = exponentes adecuados para representar la unidad secundaria.

Con el tiempo los físicos vieron que esta expresión no cubría todos los casos de la ingeniería, particularmente, los de la electricidad. Por eso se agregó una cuarta dimensión primaria, sobre la que al principio hubo discusiones, porque podía ser cualquiera. Finalmente se convino que convenía fuese la unidad de corriente eléctrica, la *intensidad de corriente,* que es posible definir en forma precisa. Entonces, la fórmula (3.1) para la electrotecnia quedó como sigue:

$$S = C\,L^{\alpha}M^{\beta}T^{r}$$ **(3.2)**

A esta altura de las cosas, el profesor italiano ingeniero Giovanni Giorgi (1871-1960) desarrolló el sistema que lleva su nombre, que es el que se usa actualmente en todo el mundo y que se lo conoce abreviadamente como **sistema MKS**. Este sistema toma como **cantidades primarias y unidades fundamentales** las siguientes:

Base del Sistema Internacional de unidades (SI)
Longitud → metro (m)
Masa → kilogramo (kg)
Tiempo → segundo (s)

Merece destacarse -particularmente para los lectores poco familiarizados con la física- que no debe confundirse el concepto de **masa** que se mide en *kilogramos*, con el concepto de **fuerza** o **peso**, que también se mide en *kilogramos*. En muchos textos o trabajos se encuentran diferenciados los *"dos kilogramos"* diferentes. Como explicaremos mas abajo, la unidad a usar para el peso o la fuerza debe ser el *Newton*.

Veamos, a simple modo de ejemplo, la unidad de velocidad que resulta en el sistema *MKS* del profesor Giorgi. La velocidad se expresa como *L* en *metro* (*****), el tiempo como *T* en *segundo*, la masa como *M* en *kilogramo*. Reemplazamos en la (3.1), con adecuados exponentes.

$$S = L^l M^0 T^{-l} = LT^{-l} = \frac{L}{T} \qquad \textbf{(3.3)}$$

Escrita de otro modo, usando sus unidades fundamentales, tenemos:

$$Velocidad = v = \frac{metro\,(m)}{segundo\,(s)} = metro\,.\,segundo^{-1}\,(ms^{-1}) \qquad \textbf{(3.4)}$$

(*) Por normas IRAM, los nombres de las unidades de las fórmulas se deben expresar siempre en singular. Por ello decimos *metro,* en vez de *metros, segundo* en vez de *segundos.* Esto se hará así en todas las fórmulas de este libro.

La masa *M*, al no tener que participar de la fórmula de la velocidad, la hemos hecho desaparecer de escena al elevarla a la potencia cero ($M^0=1$). Recordemos que cualquier número elevado a la potencia cero, es igual a la unidad según se estudia en matemática. Desaparece de la fórmula. La velocidad queda expresada por medio de una longitud dividida por un tiempo. Por lo tanto, la unidad de la velocidad en el sistema MKS es el *metro / segundo*, o escrito de otras formas, *m/s*, o también *m s⁻¹*.

Del mismo modo que encontramos la unidad de la velocidad, busquemos la unidad de la aceleración. Para ello empleamos la fórmula que nos suministra la física y que deriva de su misma definición. Aceleración es la variación de velocidad en la unidad de tiempo, es decir, dividimos la (3.3) por el tiempo:

$$S = \frac{L^l M^0 T^{-l}}{T} = L^l M^0 T^{-2} = LT^{-2} = \frac{L}{T^2} \qquad \textbf{(3.5)}$$

Escrita de otro modo, empleando sus unidades fundamentales, tenemos:

$$Aceleración = \mathrm{a} = \frac{Velocidad}{Tiempo} = \frac{metro\,(m)}{segundo^2\,(s^2)} = \qquad \textbf{(3.6)}$$

$$= a = metro.segundo^{-2}\,(m.s^{-2})$$

En este punto volvemos a mencionar lo dicho recién, más arriba. A la dimensión de la "masa" se le asignó como unidad el *kilogramo (kg)* adoptado por el sistema internacional MKS del profesor Giorgi. Esto no debe confundirse con la dimensión de una **fuerza** o el **peso** de un objeto. Efectivamente, la "masa" de un cuerpo es una cualidad intrínseca del mismo, siendo el físico y matemático Isaac Newton quien planteó la fórmula de la fuerza:

$$Fuerza = Masa \times Aceleración \qquad \textbf{(3.7)}$$

Buscamos la unidad de fuerza aplicando la fórmula (3.1) y colocando en ella la masa y la aceleración antes explicadas;

$$F = (M^{1})(L^{1}T^{-2}) = L^{1}M^{1}T^{-2} \qquad \textbf{(3.8)}$$

Esta curiosa ecuación define a la unidad de fuerza en el sistema MKS. Se le dio el nombre de *newton,* y se abrevia (*N*). El *newton* no es una unidad cómoda y tiene un valor de aproximadamente la décima parte de un *kilogramo* común de la vida diaria. Para colmo de males, el *kilogramo* se viene empleando para medir el peso de las cosas y también para medir las fuerzas, simultáneamente. Pero todas las restantes unidades del sistema MKS son las mismas que la práctica de la ingeniería ha impuesto. Paulatinamente se espera que el *newton* suplante al *kilogramo* de nuestros días para las fuerzas y para el peso. Hoy resulta todavía risueño -en Argentina- entrar a una panadería y pedir 10 newton de pan (mas o menos un kilogramo). La equivalencia exacta es *1 kilogramo actual = 10,2 newton.* La dificultad nace de que la unidad *kilogramo*, con ese nombre, se viene usando para la fuerza, en vez de para la masa como propone el sistema MKS. Ahora hay que diferenciar. Este asunto se ha estudiado muy profundamente y todavía no hay otra solución que usar el *newton.* De no hacerlo así, habría que cambiar una gran cantidad de unidades de la ingeniería que son muy prácticas y que conviene dejarlas como están. Sintetizando, para recordar: la masa se debe medir en *kilogramo* y la fuerza en *newton.*

Pero a pesar de ser el sistema MKS un sistema coherente y racional, se continúan usando algunas unidades que no derivan de él y que se emplean por fuerza de la práctica, como la *hora* de 60 *minutos*, con *minutos* de 60 *segundos*. Otra unidad cuyo uso es todavía imposible de eliminar es el *grado Celsius* (*°C*) para medir las temperaturas de la vida cotidiana, o el *grado Fahrenheit* (*°F*) de uso todavía en algunos países. El *grado Kelvin (°K)* que propone el sistema MKS para medir temperaturas, no es para nada práctico, ya que recordemos por física que la conversión es: *°C=°K– 273,15.* Otra unidad práctica que se continúa usando para la medición de la energía eléctrica, ya que no se emplea el *Joule (J)* del sistema MKS, es el *kilowatthora (kWh)*. La equivalencia resulta:

$$1 \text{ kilowatthora (kWh)} = 1 \text{ kW x } 1 \text{ hora} =$$
$$= 1 \times 10^3 \text{ watt } \times 3\ 600 \text{ segundo} = \qquad \textbf{(3.9)}$$
$$= 1 \times 10^3 \text{ W} \times 3,6 \times 10^3 \text{ s} = 3,6 \times 10^6 \text{ Joule (J)}$$

Para justificar la razón de ser del sistema de unidades MKS que estamos explicando, se dice que es **coherente**. Por ejemplo. Si ejercemos con la mano una fuerza de un *newton* sobre un objeto y le hacemos recorrer un *metro* de distancia, todo ello en un *segundo*, estamos desarrollando una potencia de un *watt*. Un *newton* ejercido a lo largo de un *metro*, es un trabajo de un *joule*. Por otra parte, un *joule*, cada *segundo*, es un *watt*. Todo esto es la racionalidad que estudió el profesor Giorgi y que actualmente se tiende a emplear en todo el mundo. En los países sajones como Inglaterra y Estados Unidos de Norteamérica, el paso del sistema inglés de pulgadas y libras al sistema del profesor Giorgi se está haciendo porque es un imperativo, pero en forma paulatina por el enorme costo que significa un cambio de esta naturaleza.

Para tener una visión panorámica de las unidades que emplea actualmente la ingeniería, las tablas que siguen permiten apreciar sus nombres y abreviaturas. A las cuatro fundamentales antes indicadas, se han agregado otras dos más, para completar todas las posibilidades de la ingeniería.

Tabla 3.2
Unidades fundamentales del sistema internacional (SI)

Magnitud	Unidad	Símbolo
Longitud	metro	m
Masa	kilogramo	kg
Tiempo	segundo	s
Intensidad de corriente eléctrica	ampere	A
Temperatura termodinámica	kelvin	K
Intensidad luminosa	candela	cd

Unidades suplementarias

Angulo plano	radian	rad
Angulo sólido	estereoradian	sr

Sobre la base de este conjunto, se pueden definir racionalmente todas las unidades necesarias en la ingeniería. En la tabla
que sigue 3.3 vemos algunas. Todas ellas derivan de aplicar alguna ley de la física y su correspondiente fórmula, que no es objeto
explicar en esta parte del texto. Debe adelantarse que, por razones prácticas o de rutina como hemos comentado, todavía se
emplean algunas unidades antiguas derivadas principalmente del
sistemas inglés de medidas. Una de ellas es el *caballo de potencia*,
que se abrevia *HP* y que es aproximadamente igual a *746 watt*.
Otra unidad que se emplea es la *revolución por minuto, RPM*, de
uso limitado para objetos que giran muy rápido, como los motores
de automóvil o los motores eléctricos. Lo mismo ocurre con la presión mecánica que se mide en los neumáticos de automóviles en
libras por pulgada cuadrada, unidad que hay que dejar de usar por
antigua y poco racional.

Tabla 3.3 Algunas unidades derivadas, de uso frecuente

Magnitud	Unidad de medida	Símbolo de la unidad
Superficie	metro cuadrado	m^2
Volumen	metro cúbico	m^3
Frecuencia eléctrica	hertz	Hz ó s^{-1}
Densidad	kilogramo / metro cúbico	kg / m^3
Velocidad	metro / segundo	m / s
Aceleración	metro / segundo cuadrado	m / s^2
Velocidad angular de giro	radián / segundo	rad / s
Fuerza	newton	$kg.m / s^2$
Presión (mecánica)	newton / metro cuadrado(Pascal)	N / m^2
Trabajo, energía, calor	joule	J ó $N.m$
Potencia	watt	W ó J / s
Tensión, fuerza electromotriz	volt	V ó W / A
Resistencia eléctrica	ohm	Ω ó V / A
Capacidad eléctrica	farad	F ó $A.s / V$
Inductancia	henry	H ó $V.s / A$
Flujo luminoso	lumen	lm ó $cd.sr$
Iluminación	lux	lx ó lm / m^2

Las magnitudes de la ingeniería actual comprenden una gama tan vasta, que es preciso emplear múltiplos y submúltiplos de
las mismas. La tabla 3.4 indica los más comunes.

Tabla 3.4 Múltiplos y submúltiplos

Factor a usar		Prefijo	Símbolo	
10^{12}		tera	*T*	
10^9		giga	*G*	
10^6		mega	*M*	
10^3		kilo	*k*	
10^2		hecto	*h*	
10^1		deca	*da*	
	10^{-1}	deci		*d*
	10^{-2}	centi		*c*
	10^{-3}	mili		*m*
	10^{-6}	micro		*μ*
	10^{-9}	nano		*n*
	10^{-12}	pico		*p*
	10^{-15}	femto		*f*
	10^{-18}	atto		*a*

Estos simbolismos ayudan mucho a expresar magnitudes. Veamos un ejemplo. Si deseamos informar sobre la potencia de la central nuclear "Embalse" en Argentina, diremos que tiene una máquina de *600 MW*, es decir, *600 000 000 watt* de potencia. En cuanto a la forma de expresar magnitudes, además de las unidades, en ingeniería se emplea por comodidad también la notación científica, basada en los exponentes del número 10. Por matemática sabemos lo siguiente:

Valor de referencia: $10^0 = 1$

Con exponentes positivos   *Con exponentes negativos*

$10^1 = 10$

$10^2 = 100$

$10^3 = 1\ 000$

$10^4 = 10\ 000$

$10^5 = 100\ 000$

$10^6 = 1\ 000\ 000$

y así sucesivamente

$10^{-1} = 0,1$

$10^{-2} = 0,01$

$10^{-3} = 0,001$

$10^{-4} = 0,000\ 01$

$10^{-5} = 0,000\ 001$

$10^{-6} = 0,000\ 000\ 1$

y así sucesivamente

Con este método, la potencia de la central nuclear de "Embalse" en Argentina antes citada como ejemplo, se puede expresar también de las siguientes formas:

Potencia = 600 *MW* = 6 x 10^2 *MW*

Potencia = 600 000 *kW* = 6 x 10^5 *kW*

Potencia = 600 x 10^6 *W* = 6 x 10^2 x 10^6 *W* = 6 x 10^8 *W*

En todo lo dicho hasta aquí, hemos empleado la numeración *decimal*, en que cualquier cantidad se puede expresar por medio de 10 números o dígitos (0,1,2,3,4,5,6,7,8,9). Sin embargo, con motivo de la expansión de las técnicas digitales en la ingeniería, se ha hecho necesario utilizar también la forma digital de expresar una cantidad, empleando el álgebra binaria Esto es conveniente porque todos los sistemas informáticos lo emplean. Los *circuitos lógicos de la electrónica*, base de las computadoras, tienen solo dos formas de reconocer una cantidad, teniendo por lo tanto solo 2 números ó dígitos. Estos son el número cero (0) y el número uno (1). Debe ser así, porque los circuitos lógicos de la electrónica, admiten solo dos estados eléctricos para almacenar información. El cero (0) que equivale a **NO** *señal*, o falta de señal, mientras que el (1) equivale a **SI** *señal,* o presencia de señal. Por lo tanto -y particularmente en el campo de la electrónica- fue necesario emplear el álgebra binaria.

La misma consiste en poder expresar cualquier cifra, mediante solo dos dígitos o dos señales eléctricas. Para comprender esta forma de hacer numeración, es necesario recordar que este tipo de álgebra emplea el número 2 en vez del número 10 como base de un sistema de exponentes, que también consta de dos números. La tabla que sigue explica simplemente la equivalencia entre la numeración digital y la decimal, para unas pocas cifras sencillas.

Tabla 3.5 Tabla de equivalencias entre numeración decimal y binaria.

Expresiones de potencias de base "2"	2^7	2^6	2^5	2^4	2^3	2^2	2^1	2^0
Valores decimales correspondientes	128	64	32	16	8	4	2	1

Tomemos como ejemplo un número binario compuesto de 8 dígitos como es el **11101011** y compongamos su equivalente decimal. Para ello empleamos la tabla 3.5 anterior, paso a paso. El primer **1** significa que **SI** está el 128. El segundo **1** significa que **SI** está el 64. El tercer **1** significa que **SI** está el 32. El cuarto **0** significa que **NO** está el 16. El quinto **1** significa que **SI** está el 8. El sexto **0** significa que **NO** está el 4. El séptimo **1** significa que **SI** está 2. Finalmente, el octavo **1** significa que **SI** está el 1. Sumando todos, se tiene el número decimal equivalente a 11101011.

Número expresado en forma digital
1 1 1 0 1 0 1 1

Cifras decimales equivalentes
128 + 64 + 32 + 0 + 8 + 0 + 2 + 1 = 235

Por lo tanto, el valor digital **11101011** es igual al decimal **235**. También podríamos haber dicho que el número decimal 235 es equivalente en álgebra binaria a la siguiente serie:

SI – SI – SI – NO – SI – NO – SI - SI   ó
cerrado-cerrado-cerrado-abierto-cerrado-abierto-cerrado-cerrado

que es como responderá un circuito eléctrico.

3.3 Errores y tolerancias

Como afirmamos en el acápite 1.5.2, la ingeniería no es una ciencia exacta. Por lo tanto, todas las magnitudes en juego -sean las **dimensiones** fijas de sus elementos materiales, como las **cantidades** de sus hechos funcionales en acción- son inexactas. Esto implica afirmar que todas las magnitudes de la ingeniería están afectadas de algún modo por **errores** y por lo tanto, las debemos emplear con **tolerancias** admitidas. También es bueno advertir que por esta causa, habrá una **forma de presentar las medidas.**

Que la dimensión fija de un elemento (altura de una columna, por ejemplo), o la cantidad variable de un hecho en acción (velocidad de rotación de una máquina, por ejemplo) sean inexactas, no quita rigor a los hechos de la ingeniería, si repasamos algo sobre la teoría de los errores, como hacemos enseguida.

Ninguna medida en ingeniería puede afirmarse que es exacta en el sentido matemático de la palabra, ya que toda dimensión se debe medir con algún instrumento y por medio de un operador y ninguno de los dos pueden ser absolutamente ideales y perfectos. Todo instrumento mide con un cierto grado de error. Además, los mismos operadores que hacen las mediciones, cometen errores por sus propias tendencias, distracciones o imperfecciones. A los errores de los instrumentos o del método de media se los conoce como **errores sistemáticos**, mientras que los que cometen los operadores se los llama **errores accidentales**. Cada uno tiene su propia teoría. Aceptando entonces que toda cantidad tiene errores, debemos adoptar criterios para estudiarlos.

Comenzamos por estudiar algo sobre los **errores sistemáticos**, es decir, aquellos que se cometen por causa del instrumento o del método de medida y que se pueden conocer. Responden, por lo general, a una ley matemática simple. Comenzamos afirmando lo que sigue.

---

c = cantidad que se acepta como verdadera c_m = cantidad medida

---

El valor que aceptamos como verdadero es aquél al que habremos de dar fé, aún a sabiendas que él mismo no es totalmente exacto, pero que se encuentra en las fronteras de las posibilides materiales de conocerlo, o que simplemente, en el campo técnico es un valor suficiente dado que su error está admitido. Partiendo de esta idea, se define como **error absoluto** a la cantidad:

$$e_a = c_m - c = \text{error absoluto = cantidad medida − cantidad verdadera} \quad \textbf{(3.10)}$$

Sobre esta base, se llama **error relativo** a la cantidad:

$$\textit{Error relativo} \quad e = \frac{c_m - c}{c_m}100 = \frac{e_a}{c_m}100 \qquad \textbf{(3.11)}$$

Volviendo a lo dicho antes en el sentido de que ninguna medida es exacta en modo absoluto, agreguemos ahora que una medida cuidadosa será aquella en que el resultado se ofrece desafectándolo de los *errores sistemáticos,* en forma que el valor ofrecido se pueda considerar como el *más próximo al verdadero*. A causa de los errores determinables, podemos afirmar que los resultados de una medición tienen una *precisión* tanto mayor, cuanto más se aproximan al presuntamente verdadero.

Admitido entonces que toda cantidad tiene su error, digamos ahora algo sobre la **forma de expresar** los resultados. Para ello nada mejor que presentar un ejemplo simple. Supongamos que encargamos a un operador que mida una longitud y el operador nos informa que ha medido *L = 375,2 m*. El fabricante del instrumento con que se hizo la medida asegura que su aparato comete un error no mayor del *0,5 %* cuando mide el valor máximo que puede medir con ese aparato, que es *400*. Por aplicación de la (3.11) despejamos el error absoluto que se puede cometer.

$$e_a = \frac{e \cdot c_m}{100} = \frac{0,5 \times 400}{100} = 2 \; m \qquad \textbf{(3.12)}$$

Podríamos entregar el resultado del siguiente modo:

$$L = 375,2 \; \pm \; 2 \; m \qquad \textbf{(3.13)}$$

Pero es muy evidente que esta forma de expresar el resultado, no es correcta. No tiene sentido especificar el decimal *0,2 m (20 centímetros)* en el resultado, cuando el error que se puede cometer puede llegar a ser *2 m (2 metros)*. Por lo tanto, la forma correcta de expresar el resultado debe ser:

$$L = 375 \; \pm \; 2 \; m \qquad \textbf{(3.14)}$$

También:

$$L = 375 \; m \nearrow \!\!\!\!\!\!\!\!\!\!\!\!\!\!\! \begin{array}{l} 377 \; m \\[6pt] 373 \; m \end{array} \qquad \textbf{(3.15)}$$

El valor pedido está entre *373 m* y *377 m,* o de otro modo, *373 < 375 < 377 m*.

Supongamos ahora que esa cantidad la medimos en dos tramos, cada uno por medio de un operador diferente y cada uno a su vez, dotado de un instrumento distinto, es decir, vamos a obtener el largo por medio de $L = l_1 + l_2$. El primer operador nos informa que obtuvo $l_1 = 255,45 \; m$. El segundo operador -que trabajó con un instrumento menos preciso o de inferior calidad, que dá menos decimales- nos informa que obtuvo $l_2 = 120,5 \; m$. El resultado -aparentemente- sería la cantidad total $L = 255,45 + 120,5 = 375,95$. Esta forma de expresión no es aceptable, Si uno de los dos instrumentos es preciso solo hasta los décimos, es inútil expresar la cantidad con dos decimales. Lo más aconsejable es indicar $L = 375,9$; ya que la segunda cifra decimal es segura para la primera medida, pero nó para la segunda.

Tratemos ahora algo sobre los ***errores accidentales***, es decir, aquellos errores que no siguen una ley fija como los sistemáticos, sino que son aleatorios. Pueden ser los errores que comete un instrumento por no ser enteramente fiel a todas las cantidades que se le aplican, indicando erróneamente sin seguir una ley fija. También, atribuibles al operador, por sus mismas distracciones o forma de apreciar los valores en una cierta escala, que le hacen cometer involuntarios errores. Este tipo de error ha sido bien estudiado en matemática y tiene su propia teoría. Muy someramente lo expondremos, para simplemente conocerlo e identificarlo, sin pretender estudiarlo.

Supongamos que la longitud L antes empleada como ejemplo, la medimos repetidamente y sin embargo, obtenemos cada vez valores ligeramente distintos, formando una serie como la siguiente:

$$l_1=375,3 \qquad l_2=375,9 \qquad l_3=372,9 \qquad l_4=376,6 \qquad l_5=375,0$$

Los estudios matemáticos indican que el **valor más probable** es el **valor medio aritmético**, que se obtiene aplicando la simple fórmula:

$$c = \frac{1}{n}\sum c_i \qquad\qquad \textbf{(3.16)}$$

Reemplazando los valores de la serie nos sale lo siguiente:

$$c = \frac{1}{5}(375,3 + 375,9 + 372,9 + 376,6 + 375,0) =$$

$$= \frac{1875,7}{5} = 375,14 \approx 375,1$$

Hemos redondeado la cifra verdadera *375,14*. Finalmente, podemos agregar que este tipo de error acidental, se rige por la teoría de las estadísticas de Laplace-Gauss, que se estudia en los cursos de ingeniería, no correspondiendo extenderse aquí.

Cerremos este acápite con un breve tratamiento de las **tolerancias**. Visto que todas las cantidades de la ingeniería tienen alguna forma de error, sea por su forma de medición como por inevitables deficiencias de elaboración, fue necesario especificar hasta que valor de error se acepta. La tolerancia es la diferencia entre la dimensión teórica requerida y la real encontrada. Esto es particularmente importante, cuando diversas piezas mecánicas deben formar un conjunto armónico. Tal es el caso de conjuntos de piezas diversas, que deben ensamblarse, como ocurre en la fabricación de un automóvil, donde los diversos componentes deben cumplir condiciones muy severas de intercambiabilidad, con los repuestos.

Una forma de interpretar rápidamente el concepto de tolerancia, es recurrir a los ejemplos de la mecánica. Para ello observemos la figura 3.1, que representa un simple perno, de esos que tienen todos los pistones de un cilíndro en un motor de automóvil.

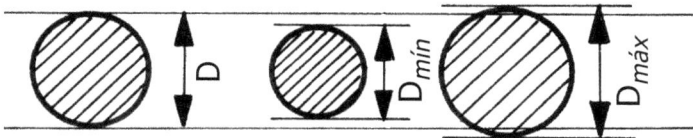

Fig. 3.1 Ejemplo de tolerancias para un perno de pistón de motor

El departamento de producción de una industria ha determinado que el diámetro de este perno que se fabricará en serie, debe tener una dimensión D que llamaremos *dimensión normal*, como mostramos a la izquierda de la figura 3.1. Sin embargo, por inevitables pequeñas imperfecciones del maquinado, pueden darse las dos situaciones que mostramos en el centro y a la derecha de esa misma figura. En un caso resultó menor que el diámetro normal y en otro, mayor. Por lo tanto:

$$D = dimensión\ normal\ = 60\ mm$$
$$D_{máx} = dimensión\ máxima\ = 60,03\ mm$$
$$D_{mín} = dimensión\ mínima\ = 59,97\ mm \qquad \textbf{(3.17)}$$
$$T = D_{máx} - D_{mín}$$
$$\boldsymbol{T = tolerancia = 0,06\ mm}$$

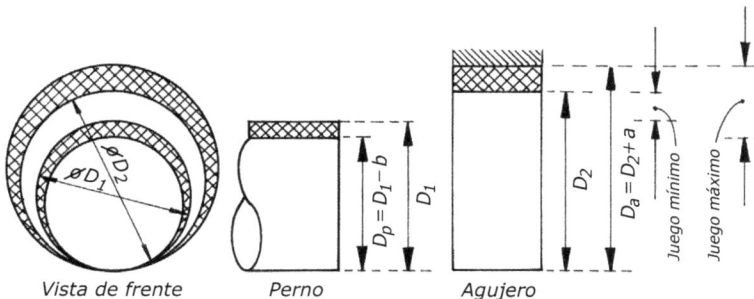

Fig. 3.2 Perno y agujero formando una pieza

En el ejemplo presentado, el perno deberá calzar en un agujero, el que tendrá a su vez sus propias tolerancias. Por ejemplo, viendo ahora el perno y el agujero como una unidad acoplada, conforme figura 3.2, podemos hacer el siguiente razonamiento:

Dimensión máxima posible del agujero $Da = D + a$
Dimensión mínima posible del perno $Dp = D - b$
Diferencia ó "juego" $= a + b = t$

Las tolerancias se miden con los **calibres**, que son herramientas de medición y de las que hay una gran variedad. La apreciación ha llegado en muchas industrias a considerar dimensiones con tolerancias de *un milésimo de milímetro (0,001mm; o sea 0,000 001 m = 10⁻⁶ m)*. Por lo tanto, los calibres deben estar en condiciones de apreciar dimensiones con un error muy pequeño, del orden de *0,000 001 mm*. Por supuesto, que estas tolerancias aplicables a piezas mecánicas pequeñas, no son las mismas si se trata de una obra civil, por ejemplo, un dique, en que las toleracias tienen magnitudes grandes, pero aún pequeñas con relación a las dimensiones de la obra.

3.4 *Representación e interpretación*

Las dimensiones de los objetos materiales y de las cantidades variables de los hechos de la ingeniería, es necesario expresarlas para que otros las utilicen o interpreten. Estas magnitudes suelen provenir, principalmente de dos fuentes: los resultados de **los cálculos** en los proyectos o estudios y los resultados de **las mediciones** de laboratorio. En cualquiera de los dos casos, la ingeniería se vale de medios para esa representación, medios que deben ser interpretados correctamente.

Cuando se trata de cálculos, las cantidades se expresan por medio de fórmulas, debido a que en la mayor parte de los casos, se trata de **funciones** matemáticas, es decir, cantidades que varían en función de otras conforme una determinada ley. Genéricamente, una función sabemos se manifiesta del siguiente modo:

$$y = f(x) \qquad\qquad\textbf{(3.18)}$$

Esto indica que la cantidad y varía en función de la cantidad x, conforme las leyes que le impone la función f. Para interpetar esto acudamos a un ejemplo. En un ventilador común, en forma aproximada, se sabe por la teoría de este tipo de máquina que la potencia que requiere del motor eléctrico que lo impulsa, es función de la tercera potencia de la velocidad. Por lo tanto, aproximadamente, la función que lo representa a la potencia necesaria en función de la velocidad a que gira es:

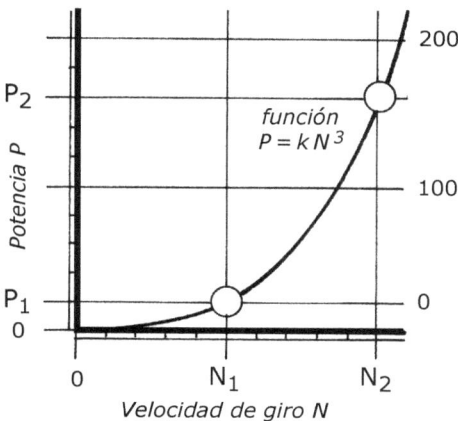

$$P = k N^3 \quad \textbf{(3.19)}$$

Esta función es representable en coordenadas cartesianas, como vemos en la figura 3.3. La cantidad k es una constante propia de cada ventilador y depende de su tamaño, tipo, precio, estado de conservación y otros factores. Se observa que al crecer la velocidad del ventilador, la potencia que le solicita al motor eléctrico que lo impulsa crece también, pero no en forma directamente proporcional. Si para una velocidad N_1 requiere del motor una potencia P_1, para el doble de la velocidad, es decir, $N_2 = 2 N_1$, requerirá una potencia dieciseis veces mayor. La curva de figura 3.3 muestra que $P_2 = 16 P_1$.

Fig. 3.3 Curva representativa de la potencia requerida por un ventilador en función de su velocidad de giro.

Esta es la función matemática teórica representativa de la potencia necesaria para impulsarlo, al variar su velocidad. El proyectista del ventilador la conoce y desarrolla, pero una vez producido el ventilador en escala industrial, por inevitables pequeñas imperfecciones, los resultados no cumplen rigurosamente esa función. Las tolerancias antes estudiadas entran en juego. Por ello, si se desea hacer una comprobación experimental o una prueba de calidad, se lleva al ventilador a un laboratorio y se lo ensaya. Como no es posible -ni conveniente- obtener todos los *infinitos* puntos de la curva matemática de la fórmula 3.19, en los ensayos se relevan una serie razonable de ellos. Por lo regular, las normas de ensayo indican en cada caso, cual es la cantidad. En la figura 3.4 representamos en coordenadas cartesianas, los puntos relevados. Para cada valor de velocidad, medimos la potencia que absorbe, obteniendo una serie de pares de valores. Notamos que esa sucesión de puntos no se corresponde *exactamente* con una curva matemática como la de fórmula 3.19. En casos como éste -que son la abrumadora mayoría- se recurre al **análisis gráfico**, consistente en representar a los puntos reales obtenidos por ensayo y luego **estimar la curva que más se aproxima a la función.** En general, esto es fácil, dado que la función como la de fórmula 3.19, se conoce por la teoría de las máquinas.

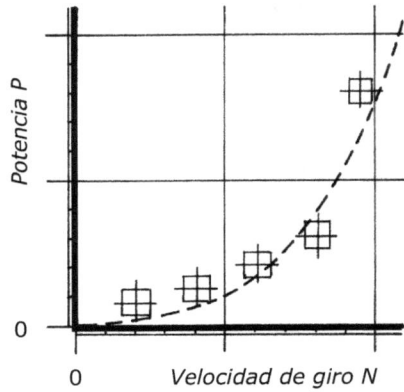

Fig. 3.4 Valores experimentales obtenidos en una prueba de laboratorio

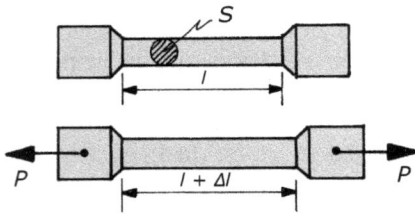

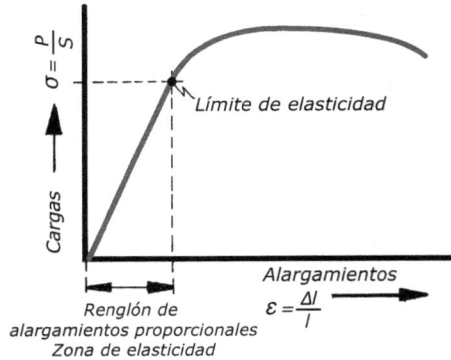

Fig. 3.5 Alargamiento de una barra simple sometida a esfuerzo axial

Otro ejemplo simple que podemos presentar, es la conocida *ley de Hooke*. En la figura 3.5 vemos una barra de sección recta *S* que es sometida a una fuerza de tracción *P* en sus dos extremos. El cociente entre ambas cantidades se llama *tensión específica*, o simplemente, *tensión* y la indicamos en la fórmula (3.20). Tratándose de *cuerpos elásticos* como son casi todos -en mayor o menor medida- los empleados en ingeniería, se producirá un *alargamiento específico por unidad de longitud* de valor ε que expresamos por medio de la fórmula (3.21). Veamos las dos expresiones juntas:

$$\sigma = \frac{P}{S} = \frac{kg}{m^2} = kg.m^{-2} \qquad \textbf{(3.20)}$$

$$\varepsilon = \frac{\Delta l}{l} = \frac{m}{m} = 1 \quad \textit{(Magnitud sin unidad)} \qquad \textbf{(3.21)}$$

La ley de Hooke relaciona ambas cantidades en la siguiente forma:

$$\varepsilon = A\sigma \qquad \textbf{(3.22)}$$

El valor A es una constante propia del material y la función 3.22 la representamos a la derecha de figura 3.5. Esta función se cumple hasta ciertos valores conservando la relación de fórmula 3.23, pasados los cuales, la barra entra en la zona plástica, deja de ser elástica y responde a otras teorías que no debemos exponer aquí. A la inversa de la constante A vale decir, al valor $E = {}^1/_A$ se lo conoce como *módulo de elasticidad longitudinal* del material y la ley de Hooke se puede escribir también como sigue:

$$\sigma = E\varepsilon \qquad \textbf{(3.23)}$$

Para completar estos conceptos sobre formas de representación, mostraremos la curva de errores de un medidor de energía eléctrica, de los comunes que hay en todo domicilio. En la figura 3.6 representamos los errores en función del porcentaje de corriente que pasa por el instrumento. Como el aparato tiene errores accidentales y sistemáticos, éstos pueden ser tanto positivos como negativos. Por ello, es habitual representarlos por medio de puntos que se corresponden con varios valores de la corriente eléctrica que registra, entre 0% y el 100% de la misma. Pero los errores, por ser medidos con instrumentos que a su vez, tienen su margen de error, la forma de representación es como indica la figura,

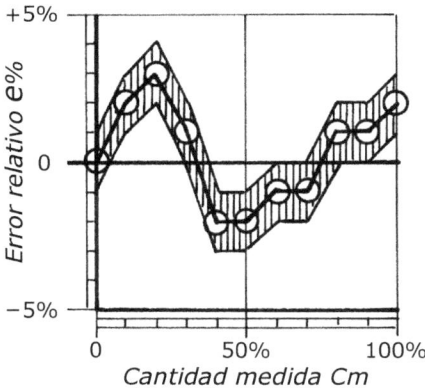

Fig. 3.6 Curva experimental de errores de un medidor de energía eléctrica

con una zona limitada arriba y debajo de cada punto, que es el **rango de incertidumbre.**

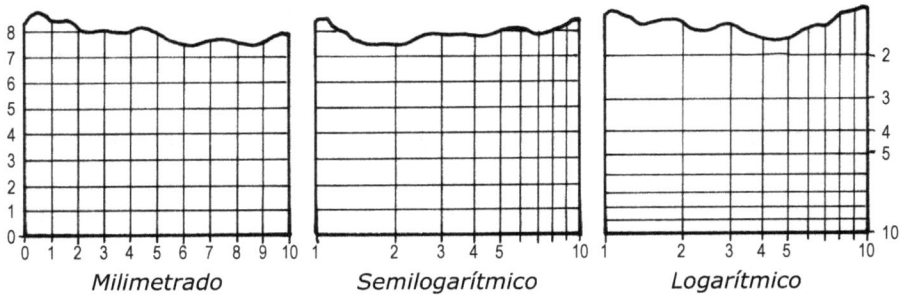

Milimetrado   Semilogarítmico   Logarítmico

Fig. 3.7   Representaciones gráficas con papeles milimetrados

Para expresar los valores de la ingeniería en forma gráfica, suelen usarse los **papeles milimetrados**, de los que hay varios modelos. En figura 3.7 mostramos a la izquierda un milimetrado común lineal. Al centro, un papel semilogarítmico y a la derecha, el papel logarítmico. Con estos auxiliares, es posible representar funciones que por sus características de extensión, pueden ser incómodas de expresar en un papel milimetrado común. Hay también, papeles milimetrados especiales para aplicaciones muy específicas.

Finalmente, debemos explicar que la ingeniería emplea muy frecuentemente los **valores vectoriales**. Como sabemos, muchas magnitudes -para dejarlas correctamente definidas- no alcanza con entregar su valor numérico. Los **vectores** son entidades matemáticas que se caracterizan por tener **dimensión, dirección y sentido.** Se representan por medio de flechas y uno de los ejemplos más comunes son las fuerzas. Estas cantidades físicas tienen un valor que en el sistema MKS de unidades se miden en *Newton (N)* como mas arriba hemos explicado. Pero esas cantidades están aplicadas deslizándose sobre una recta que es su dirección. Además, pueden actuar en uno u otro sentido y

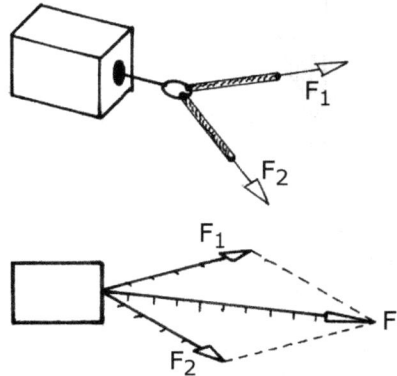

Fig. 3.8 Dos fuerzas aplicadas a un móvil y su resultante

por ello se coloca una flecha en su extremo. En la figura 3.8 vemos un ejemplo. En esa figura, hemos supuesto un móvil visto desde arriba, al cual por adecuados medios se le aplican dos fuerzas F_1 y F_2, cada una representada por sus vectores. Por la llamada "*regla del paralelogramo*" en este caso, se suman en la forma gráfica que se indica, dando la fuerza resultante *F*. Las fuerzas pueden estar de cualquier forma en el plano o en el espacio y en cada caso, mediante formas gráficas o analíticas, pueden sumarse o restarse. En la figura 3.8 se han sumado en forma gráfica. Analíticamente, con apoyo de la trigonometría, se las puede sumar también, es muy frecuente representar analíticamente a un vector por medio de los llamados **números complejos**, que no los trataremos aquí.

3.5 Empleo de la informática

Resulta bastante utópico pretender exponer en este breve resúmen informativo sobre la ingeniería, lo que puede hacerse con la informática dentro de ella. En primer lugar, porque la informática está ya en todas las áreas de la ingeniería, de muy diversas maneras. En segundo lugar, porque se trata de una disciplina en una evolución tan creciente, que cualquier cosa que se hable sobre ella, resulta antigua al terminar de escribirla en un procesador de palabras. La obra de Bill Gates[23] es buena referencia para quien requiera una descripción de este fenómeno de nuestra era.

Los aspectos históricos ya los hemos repasado en el tema 1.3.1 anterior y allí comentamos como la velocidad de transformación de la informática, la afecta a ella misma y a los expertos que la operan. A los ingenieros les ocurren cosas parecidas. como hemos dicho también en el tema 1.3.1 y algunas las repetimos ahora para mejor análisis. La ingeniería actual abandonó la regla de cálculo, las máquinas mecánicas de calcular, los ábacos y los gráficos como herramientas de cálculo, para usar la computadora personal con sus bases de datos y sus programas. Estos elementos permiten economizar enorme cantidad de horas de trabajo intelectual o repetitivo que antes debían hacer operadores especiales, con miles de soluciones para optar y grandes cantidades de horas de trabajo que se han esfumado. La ingeniería se encuentra en la misma situación que la informática, por culpa de ella misma. No sabemos bien, en la confusión, si la ingeniería desbarata a la informática o la informática desbarata a la ingeniería.

Los ingenieros modernos saben bien que la informática no es un fin en sí misma, sino un simple medio operativo, una herramienta maravillosa que los confunde, porque cuando la van a emplear, se transfigura ella misma y los obliga a modificar los procedimientos. Por otro lado, si la ingeniería de los circuitos de estado sólido cambia, sus resultados penetran enseguida en la informática obligándola, a su vez, a modificarse y así sucesivamente, en un movimiento circular infernal de nunca acabar. En este torbellino estamos.

A esta singularidad propia de la informática se suma la complejidad de todos los conjuntos actuales de ingeniería, que tornan utópicas y desconcertantes las condiciones de trabajo y de cálculo de los mismos. La dimensión e intrincado de los sistemas actuales de la ingeniería suelen alcanzar un umbral a partir del cual, la precisión y la significación se tornan cualidades mutuamente excluyentes. Es interesante citar lo dicho por el profesor Lotfi A. Zadeh, profesor de "Computer Science" en la University of California at Berkeley, en Estados Unidos de Norteamérica. Este profesor ha formulado precisamente el ***Principio de Incompatibilidad*** que dice:

"A medida que aumenta la complejidad de un sistema, nuestra capacidad para expresar su funcionamiento con precisión y significación decrece, hasta que la complejidad alcanza un umbral por encima del cual, la precisión y la significación se transforman en cualidades mutuamente excluyentes".

Por ello, en ingeniería aparecen dudas sobre la forma de emplear la informática, precisamente porque tanto ella como la ingeniería, son alcanzadas por el principio del profesor Zadeh. Esto vuelve a confirmar lo expresado antes en el acápite 1.5.2, en el sentido que la ingeniería no es ciencia aplicada, con la rigurosidad que la ciencia lleva consigo. Para interpretar un sistema complejo de la ingeniería actual, nunca quedamos tranquilos sobre la certeza de estar empleando el programa adecuado. La informática, al permitir la ***modelización virtual de los hechos de la ingeniería*** y ayuda a explicar la funcionalidad de los componentes de un sistema técnico y de su accionar conjunto. Pero como ambos están cambiando continuamente, nunca podemos alcanzar a explicar en forma segura las cosas. En los actuales conjuntos de la ingeniería las condiciones de partida no son enteramente conocidas, presentando un apreciable margen de incertidumbre que, agregado a la informática, con sus propias singularidades, generan juntas un conjunto de cada vez más difícil interpretación.

Concluimos entonces que la informática, sumada a la ingeniería son en el mundo actual, como dos pequeños demonios muy difíciles de dominar, porque al interactuar mutuamente con gran velocidad de cambio, generan condiciones de operación y de interpretación sumamente desconcertantes. Por otro lado, la humanidad ya no puede vivir sin el nivel de ingeniería y de informática al que ha llegado. El tema brinda oportunidad para profundas reflexiones filosóficas sobre la esencia de ambos componentes de la cultura contemporánea.

La informática ha penetrado tanto en la ingeniería, que permite hacer rápidamente complicados cálculos en cadena, que antes demandaban largas horas de muchos operadores. Pero también ha penetrado en el campo del diseño desde diversos ángulos, permitiendo la rápida toma de decisiones. Como la ingeniería no es ciencia exacta, ni aplicada, para encontrar la mejor solución a un problema, los ingenieros ensayan con diversas soluciones. Esto implica tomar decisiones en donde intervienen no solo los hechos de la ingeniería, sino los hechos económicos y otras circunstancias a tener en cuenta. Los proyectos, las obras, la producción, la gestión, el mantenimiento y tantas otras áreas de competencia de los ingenieros, pueden ser campo para aplicar informática. Por eso, no es prudente tratar de hacer una clasificación sistémica de cómo se aplica la informática ingeniería, hasta que este fenómeno alcance la suficiente estabilidad en el tiempo, si es que llega a ocurrir algo así, cosa sobre la que no hay acuerdo.

Los más salientes empleos actuales de la informática para ingeniería -algunos llevan nombres que derivan de expresiones en inglés- podrían ser los siguientes:

⇨ *CAE (Computer Aided Engineering)*, ingeniería asistida por computador.
⇨ *CAD (Computer Aided Desing)*, diseño asistido por computador.
⇨ *CAM (Computer Aided Manufacturing)*, manufactura asistida por computador.
⇨ *Desarrollo de programas para hacer cálculos en cadena.*
⇨ *Búsqueda iterativa de solución para sistemas de ecuaciones.*
⇨ *Trazado de gráficos sobre la base de planillas de cálculos.*
⇨ *Modelos matemáticos para simular estados de funcionamiento.*

En cada una de estas aplicaciones, la variedad de programas y métodos existentes no permiten todavía una clasificación.

3.6 Ejemplos resueltos

Ejemplo resuelto 3.6.1

Datos: Se desea iluminar una planta industrial para el montaje de tractores de uso rural y es necesario estimar la potencia que demandará, a fin de hacer el pedido a la compañía que suministra el servicio eléctrico. Las dimensiones del local son *50 m* por *100 m*.

Solución: Se trata de un problema en donde es común emplear las normas. También, aplicar diversas hipótesis simplificativas.

Hipótesis simplificativas a tener en cuenta:

- ◆ Emplearemos los *niveles de iluminación* recomendados por la norma IRAM de tabla 3.1, dados en *lux.*
- ◆ Emplearemos la fórmula del *flujo luminoso* dado en *lumen*. En este tipo de iluminación es común emplear luz directa desde el techo, cuyo rendimiento oscila entre *0,40* y *0,10*.
- ◆ Adoptaremos un tipo de lámpara y con el mismo, estimaremos su rendimiento en *lumen/watt.*

Puede notarse que estas hipótesis simplificativas refuerzan bastante lo señalado en el acápite 1.5.2 y lo dicho por Hardy Cross. Comenzamos por consultar la tabla 3.1 y para el tipo de tarea que nos proponemos realizar en el local industrial, nos recomienda entre *300* y *750 lux*, rango de por sí generoso. Los márgenes dependen del nivel de exigencia que pretendemos para el trabajo a realizar y de la economía general del sistema. Con un criterio conservativo, adoptamos una *iluminación* de *500 lux* y para el *rendimiento luminoso* tomaremos *0,3*. No debe extrañar un número tan bajo del rendimiento, porque en Luminotecnia es corriente este tipo de valor.

Aplicamos ahora la fórmula del *flujo luminoso*, que se obtiene de los estudios de la Luminotecnia y que se encuentra en cualquier manual o libro de la especialidad.

$$F_A = \frac{E \cdot S}{\eta} = \frac{\text{Iluminación en } lux \times \text{superficie a iluminar en } m^2}{\text{Rendimiento de la instalación}} \quad \textbf{(3.24)}$$

Reemplazando valores numéricos se llega a:

$$F_A = \frac{500\, lux \,\times\, 5000\, m^2}{0,3} = 8\,333\,333\, lumen \qquad \textbf{(3.25)}$$

Esta cifra -frente a las hipótesis simplificativas- debe redondearse, preferentemente por exceso. Por ello, tomaremos como necesario.

Flujo luminoso necesario = 8 400 000 *lumen* = 8,4 x 10 ^{6} *lumen* **(3.26)**

Si adoptamos lámparas modernas de tipo industrial, de alto rendimiento, podemos estimar en *p = 50 lumen por watt* el valor a utilizar. Por lo tanto:

$$P = \frac{F_A}{p} = \frac{8,4\,\times\,10^6\, lumen}{50\, lumen\,/\,watt} = 168\,000\, watt = 168\, kW \qquad \textbf{(3.27)}$$

Ejemplo resuelto 3.6.2
(Obra de consulta "Resistencia de materiales" [33])

Datos: Se tiene una columna de hormigón armado, muy común en construcciones, que representamos en la figura 3.10 y en su parte superior, se apoya una estructura cuyo peso es de *100 toneladas*. En la misma figura se aprecia, a la derecha, un corte transversal de la columna. Al cargar esta pieza estructural con el peso, sufrirá una *compresión* que disminuirá algo su longitud.

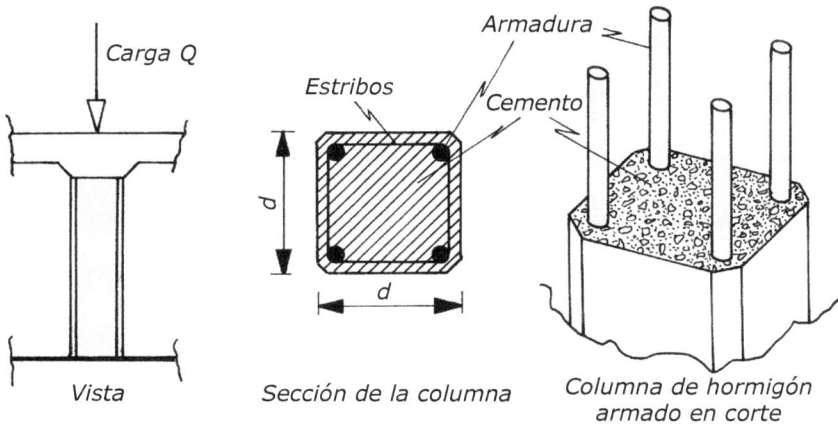

Fig. 3.9 Columna de hormigón armado

Como sabemos, la columna está compuesta por cemento y cuatro varillas de hierro llamadas *armadura*, sujetas por alambres, éstos últimos, simplemente para mantener su posición dentro de la estructura. Se desea dimensionar la columna para que soporte la carga.

Solución: Aplicaremos como ejercicio diversas unidades y adoptaremos las siguientes hipótesis simplificativas:

- Los módulos de elasticidad que tomaremos son:
  E_e =2 100 000 kg/cm² módulo de elasticidad del acero. De fórmula (3.23)
  E_b = 140 000 kg/cm² módulo de elasticidad del hormigón. De fórmula (3.23)
- La tensión admisible en el hormigón se sabe es de σ_b =50 kg/cm².
- Se supone que la columna no trabajará "al pandeo". Es éste un efecto que sufren las estructuras muy esbeltas como las columnas, al ser sometidas a compresión en sus extremos. Tienden a tomar formas curvas y colapsar. No es este el caso.

Si la columna está compuesta por hormigón y acero, al cargarla, ambos elementos sufrirán conjuntamente el efecto de compresión y ambos elementos se deformarán conjuntamente. Por ello, las *deformaciones* deben ser iguales para ambos materiales. Esto se manifiesta matemáticamente tomando la ecuación 3.23 y despejando la deformación, que será igual para ambos componentes.

$$\varepsilon = \frac{\sigma_b}{E_b} = \frac{\sigma_e}{E_e} \qquad (3.28)$$

De aquí extraemos:

$$\sigma_e = \sigma_b . \frac{E_e}{E_b} \qquad (3.29)$$

La fracción es conocida por las hipótesis de partida,

$$\sigma_e = \frac{2\,100\,000}{140\,000} \sigma_b = 15\,\sigma_b \qquad (3.30)$$

La carga total que llamaremos Q debe ser resistida por los dos materiales, hormigón y acero, con sus respectivas secciones rectas, es decir;

$Q = Sb\ \sigma_b + S_e\ \sigma_e$ y reemplazando la (3.30) queda

$$Q = \sigma_b\ (\ S_b + 15\ S_e\ ) \qquad \textbf{(3.31)}$$

Evidentemente, hay una ecuación pero dos incógnitas. Esto se resuelve recordando que en una estructura de este tipo, la sección de hierro suele tomarse entre un *0,8 %* y un *3,0 %* de la sección de hormigón, simplemente por experiencia. Tomando un *1,5 % (0,015)* y reemplazando se obtiene una nueva versión de la (3.31);

$$Q = \sigma_b\ S_b\ (1 + 15 \times 0,01) = 1,225\ \sigma_b\ S_b \qquad \textbf{(3.32)}$$

Despejando

$$S_b = \frac{Q}{\sigma_b.1,225} = \frac{100\ 00}{1,225\ x50\ kg/cm^2} = 1\ 630\ cm^2 \qquad \textbf{(3.33)}$$

Como la columna es de sección cuadrada, saldrá por lado:

Lado de la columna cuadrada $\quad d = \sqrt{1\ 630} = 40,4cm^2 \approx 40cm^2 \quad$ **(3.34)**

Como para el acero habíamos fijado una relación estimada de secciones del 15%, la sección total de acero necesaria será:

$$S_e = 0,015 \times 1\ 630\ cm^2 = 24,5\ cm^2 \qquad \textbf{(3.35)}$$

Esa sección corresponde aproximadamente a 4 varillas de acero de *28 mm* de diámetro cada una, con lo que la columna queda dimensionada.

En este ejemplo hemos visto como se proyecta un elemento simple de la industria de la construcción. Se hace notar la cantidad de hipótesis adoptadas y la cantidad de determinaciones tomadas sobre la base de la experiencia. Los métodos de cálculo nos "acercan" a la dimensión buscada, pero la que finalmente se adoptará, resulta de una serie de decisiones basadas en la experiencia, datos de los manuales y medidas comerciales disponibles de los componentes constructivos.

Ejemplo resuelto 3.6.3

Datos: Un grupo electrógeno está compuesto por un motor diesel que acciona un generador eléctrico trifásico de las siguientes características:

Potencia nominal ·· *410 kVA*
Factor de potencia ··· *0,8*
Frecuencia ··· *50 Hz*
Velocidad ·· *500 RPM*
Tensión ··· *380-220 V*
Rendimiento a 100% de la
carga y factor de potencia 0,8····························· *92,7 %*

Para el lector no familiarizado todavía con estos datos, suministramos una breve explicación.

La potencia nominal de un generador eléctrico se expresa como la *potencia aparente* y se la mide en *Volt-Ampere (VA)*. En generadores, se usa mucho un múltiplo que es el *kilovoltampere (kVA)* y en máquinas muy grandes, el *megavoltampere (MVA)*.

El factor de potencia es un número que relaciona al número anterior con la potencia que efectivamente entrega el generador a la red, ésta última que se mide en *kilowatt (kW)* o en *megawatt (MW)*.

La velocidad es la de giro del generador, que por lo regular es igual a la del motor diesel de impulso. Lo común es expresarla en *revoluciones por minuto (RPM)*.

La tensión es la que existe entre terminales de la máquina y que entrega a la red. Por ser un trifásico (tiene tres sistemas eléctricos), se dan dos números en *Volt (V)* según entre que puntos se mida. El valor mayor corresponde a la tensión entre conductores principales o "vivos", mientras que el valor menor corresponde a la tensión entre un "vivo" y el "neutro".

El rendimiento del generador es la relación entre la potencia efectiva que entrega a la red eléctrica, dividida por la potencia efectiva que el motor diesel le entrega en el eje de giro. Se expresa como un *número adimensional (%)*.

Se desea conocer la potencia efectiva del motor diesel que lo accionará.

Solución: Primero transformamos la *potencia aparente (S, en kVA)* en *potencia activa (P, en kW),* aplicando el *factor de potencia (coseno de φ)*. La razón se estudia en electrotecnia y no podemos explicarla ahora. La potencia activa, es la potencia eléctrica que efectivamente entrega el generador a la red eléctrica para su uso. La llamamos P_e.

$$P_e = S \cos\varphi = 410 \ kVA \times 0{,}8 = 328 \ kW = 328\ 000 \ W \quad \textbf{(3.36)}$$

La *potencia mecánica* P_m que el motor diesel le debe entregar al generador debe ser algo mayor, para poder cubrir las inevitables pérdidas internas de toda máquina. Para ello empleamos el *rendimiento* η que es el número que las relaciona:

$$P_m = \frac{P_e}{\eta} = \frac{328 \ kW}{0{,}927} = 353{,}83 \ kW = 353\ 830 \ W \quad \textbf{(3.37)}$$

Como las potencias mecánicas es más frecuente expresarlas en *horse power (HP)*, hacemos la conversión:

$$P_m = \frac{353{,}82 \ kW}{0{,}746 \ kW/HP} = 474{,}30 \ HP \quad \textbf{(3.38)}$$

Además, las potencias de las máquinas están estandarizadas, por lo que el valor obtenido no existe comercialmente. La potencia más próxima puede ser *475 HP* ó *500 HP*.

3.7 Ejercicios propuestos

Ejercicio propuesto 3.7.1

Realizar una visita al Instituto Argentino de Racionalización de Materiales IRAM, de Argentina y conocer la biblioteca de normas internacionales.

Ejercicio propuesto 3.7.2

Con un probador de circuitos eléctricos ("tester", en el vocabulario común), medimos la tensión en el tomacorriente de nuestra casa, indicando *219 Volt*. Este tipo de aparato mide con fuertes errores, cercanos al *15 %*, dependiendo de la escala que se use. Determinar los valores mínimo y máximo que puede haber en el tomacorriente.

Ejercicio propuesto 3.7.3

La locomotora diesel cuyas especificaciones generales vimos en la tabla 2.4, tiene una potencia disponible de *1 500 HP*. Dicha potencia se entiende dada en "condiciones normalizadas", es decir, a nivel del mar con cota *0,00 metro,* con temperatura ambiente de

+15 ºC y presión atmosférica de *700 mm de mercurio.* Dicha locomotora se destina al servicio del ramal "C-14" de Argentina (El llamado "Tren a las nubes"), en que los rieles alcanzan la altura de
4 200 m sobre el nivel del mar. En esa altura, las temperaturas son
del orden de *−11 ºC* (*11 grados bajo cero*) y la presión atmosférica es de *462 mm de mercurio.* Determinar la potencia en las condiciones de trabajo en altura.

Por teoría de las máquinas térmicas, sabemos que la potencia de este tipo de motor varía con la temperatura y la altura, conforme la fórmula;

$$P = P_o \frac{p}{p_o} \sqrt{\frac{T_o}{T}} \qquad \textbf{(3.39)}$$

En esta fórmula tenemos lo siguiente:

P = *Potencia efectiva en las condiciones reales ambientales
de funcionamiento*

P_o = *Potencia en condiciones normalizadas (a nivel del mar y
con 15 ºC)*

p = presión atmósferica, en mm de mercurio en el lugar de
funcionamiento

p_o = *presión atmósferica en condiciones normalizadas, 700
mm de mercurio*

T = temperatura absoluta = 273 - 11 = 262 en ºK en el lugar de funcionamiento

T_o = *temperatura absoluta en condiciones normalizadas
273 + 15 = 288 ºK*

Ejercicio propuesto 3.7.4

Concurrir a una obra en construcción y averiguar que personal está previsto trabaje a lo largo de la obra, clasificado por ofi-
cios y jerarquías. Hacer el cronograma de la obra.

Ejercicio propuesto 3.7.5

Concurrir a una planta automotriz, elegir un sector que interese, y conversar con el ingeniero responsable sobre las normas
que se emplean y las tolerancias con que se trabaja.

Ejercicio propuesto 3.7.6

Concurrir a una línea de tansportes ferroviarios, y obtener información sobre como se aplica la informática para atender el servicio.

Lámina 4 *Laboratorio de control de calidad,*
Planta siderúrgica SIDERCA
Techint Argentina S.A. Buenos Aires, Argentina

CAPITULO 4

EL ESTUDIO DE LA INGENIERIA

Resúmen

En este Capítulo se comenta la forma en que se enseña la ingeniería en las universidades. Se comienza por un bosquejo sobre la política que se emplea para la formación de los ingenieros. A continuación, se comentan los contenidos de las asignaturas de los progamas de estudio, clasificadas en grupos temáticos. En cada caso se hace un repaso de los principales contenidos.

4.1. Forma de estudiar y enseñar la ingeniería

Es corriente en la vida universitaria, escuchar comentarios acerca de la división de los estudios en *"ciencias duras"* y *"ciencias blandas"*. Sin lugar a dudas, los estudios de ingeniería están dentro de las llamadas *"ciencias duras"*, porque sus contenidos y la disciplina exigida para cumplirlos, se corresponde mejor con esta forma de decir, sin adherir por ello al tremendismo que pareciera contener esta expresión. Estudiar ingeniería exige la debida calidad que cualquier estudio universitario conlleva, pero debemos advertir que requiere un nivel de esfuerzo y vocación particular. Este nivel de vocación debe contener una buena parte de atracción hacia las ciencias fisicomatemáticas, dado que sirven de mucho en la profesión de ingeniero. Por otra parte, debe inculcarse la adaptación a un estilo de vida profesional posterior, que algunas veces puede no ser aceptado, como explicamos en el acápite 1.7 del capítulo 1.

Para mejor ilustración, presentamos a continuación un cuadro con los modelos de instituciones de nivel superior que hoy hay en el mundo, para su análisis y discusión. En este cuadro, notamos las diferentes tendencias.

Tabla 4.1 Exámen de los modelos institucionales de educación superior

Factor característico	Escuela universitaria	Universidad clásica
Orientación estratégica	Procura una formación de alto nivel, adapta al mundo del trabajo	Crea y transmite el saber
Criterios de prestigio	Garantía laboral Empleo de graduados	Calidad de la investigación Prestigio de los profesores
Fuentes de renombre	Ex alumnos Empleadores Empresas	Comunidad científica
Orientación de las careras	Formación profesional	Saber académico
Organización de los estudios	Congruencia de carreras Pasantías Práctica Profesional Resolución de problemas Proyectos concretos	Currícula abierta Currícula optativa Adquisición del saber Cursos magistrales Trabajos prácticos
Verificación de los conocimientos	Asistencia a cursos Asistencia a exámenes	Tesis y trabajos de investigación
Método de gestión	Predominio del poder central	Amplia autonomía de cátedras

En la jerga de los jóvenes universitarios argentinos es corriente escuchar expresiones como *"voy a la teórica"* o *"voy a la práctica"*, para indicar que se concurre a la clase de teoría o a la clase de prácticas. Este decir proviene de una antigua división que aún subsiste -aunque tiende a desaparecer- en que las clases de teoría estaban netamente separadas de las clases en que se realizaban ejercitaciones prácticas. A tal punto llegó esta situación que en muchas cátedras la teoría y la práctica -además de estar a cargo de educadores diferentes- eran dos mundos desconectados. Esta situación se produjo a causa que las exposiciones magistrales a cargo de grandes profesores, encandilaban al auditorio que, al concluir, se dirigía a otros recintos donde asistentes del gran maestro inculcaban formas prácticas de aplicar la teoría explicada, como en una especie de tarea subalterna. Esta metodología educativa nacida en las humanidades, se propagó a todas las disciplinas universitarias, sin advertir que en el caso de la ingeniería, no era la más apropiada. Por ello, en la mayor parte de las universidades actuales, modernas y actualizadas, se emplea la clase *teórico-práctica*, que permite fomentar en el alumno la aplicación paso a paso de la teoría, a medida que se explica. Por lo tanto, las clases de ingeniería contienen dosis combinadas de ambos criterios educativos. Veamos algo de estos dos componentes de la enseñanza de la ingeniería.

La teoría contiene el conocimiento especulativo considerado con independencia de toda aplicación.

La teoría es una serie de leyes que sirven para relacionar determinado orden de fenómenos. El vocablo *teoría*, recordemos, expresa etimologicamente la idea de ver, contemplar u observar. Es la forma global de cierto grupo de hechos o fenómenos, propiedades u objetos. Es también una doctrina, cuando se refiere a un determinado autor o inventor. En definitiva, se trata de un intento o explicación mediante la generalización.

La practica es en vez, el ejercicio de cualquier arte o facultad, conforme sus reglas.

Precisamente, la práctica es la particularización de la teoría a un caso. También puede decirse que la **práctica es la aplicación de una idea o doctrina**, como también el contraste de los resultados experimentales con lo postulado por la teoría.

Las clases teóricas permiten al profesor enseñar la parte general de la materia a su cargo, con las reglas que se aplican a cualquier caso. Las clases prácticas, en vez, aplican la teoría a casos concretos, acercando al alumno a los problemas que se va a tener que enfrentar en la vida profesional. En la enseñanza moderna de la ingeniería hay diversos tipos de clase práctica, tantos como se considera que son campos del ejercicio profesional actual. Por ello es importantísimo que el educador conozca -si es posible por experiencia propia- el camimo que ha de recorrer el estudiante cuando sea graduado.

Las clases prácticas pueden ser de diverso tipo. Tenemos de este modo los **ejercicios numéricos** que son casos en que por aplicación -por lo regular de fórmulas conocidas por la teoría- se llega a resultados como hemos visto en los ejemplos resueltos que venimos presentando al final de los capítulos. Existen también los *ejercicios experimentales de laboratorio*, mediante los cuales se hacen pruebas con los elementos reales y se miden resultados, confrontándolos con los resultados de los ejercicios numéricos, o extrayendo conclusiones sobre el comportamiento de los aparatos, sistemas o componentes examinados. En algunos casos, se hacen *ejercicios de simulación*, ya sea sobre programas de informática que representan el comportamiento de los elementos, o sobre modelos reales de laboratorio, pero a escala reducida. También hay *prácticas de diseño o dimensionado*, en donde el alumno recibe una idea dada y debe ingeniarse para darle dimensiones al sistema para que sea capaz de cumplir los requisitos o especificaciones exigidas. Mas imaginativa es la práctica consistente en *crear, o imaginar o inventar* un objeto, máquina, dispositivo o sistema capaz de cumplir un requerimiento todavía no resuelto.

En la enseñanza de la ingeniería existen también las *prácticas externas*, es decir, las que el alumno ejecuta fuera del ámbito universitario, en lugares de la vida profesional real. A las mismas la podemos dividir en dos tipos. Las de breve duración, que son las *visitas técnicas* que grupos de alumnos realizan a obras, industrias u oficinas técnicas. De más aliento son las *pasantías* o estancias, actualmente reguladas por ley en Argentina, que consisten en la incorporación transitoria del alumno a una empresa o sistema productivo, por un período suficiente extenso como para poder apreciar en plenitud la vida profesional y en condiciones iguales a las de un empleado. Los dos sistemas de prácticas requieren una supervisión estricta de la universidad. Las visitas técnicas deben estar programadas por la cátedra en forma detallada, asignando a cada alumno una misión concreta y exigiendo luego un informe o trabajo relativo a la visita, el que debe ser calificado. En las pasantías se debe designar un profesor tutor de la pasantía, el que debe concurrir periodicamente a los lugares de trabajo del pasante, observar su progreso y conversar con sus jefes, para emitir informes periódicos. Las estancias en los lugares de trabajo pueden ser de diversos tipo, encontrándose muchas veces -particularmente en un pais como Argentina, sin suficiente cantidad de puestos para las prácticas- con dificultades reales para cumplir esta idea.

Todo este universo de practicas impone a la universidad y sus catedráticos una visión muy clara y acabada de las posibles trayectorias que hará el graduado, que son típicas de cada país y de cada región. También impone a los profesores de todas las asignaturas un trabajo de equipo e integración, para recoger los frutos de estas prácticas.

Pero es importante señalar, ***impone a todos los docentes de ingeniería, la imperiosa necesidad de frecuentar los lugares de ejercicio profesional. No descartamos la necesidad de pasantías obligatorias para docentes, como práctica necesaria.*** La teoría desvinculada de la realidad, o el enseñar solo los ejemplos extraidos de los libros de texto, produce docentes ajenos a la ingeniería que dicen enseñar y en realidad, son simples repetidores de la bibliografía. Esta manifestación se corresponde con una frecuente crítica que se le hace al sistema de formación de ingenieros en Argentina. Las empresas se lamentan de una formación demasiado abstracta y teórica. Estas reflexiones invitan a repensar la formación del ingeniero, para acercarlo al mundo que encontrá al graduarse.

También hay que dosificar adecuadamente la inclinación por la investigación. La cantidad de ingenieros que se dedican a la investigación pura o aplicada -aún en los países de más alto desarrollo- no es tan espectacular como para fomentar demasiado en Argentina estas vocaciones. Lo aconsejable, es la prudencia. Con esto deseamos advertir que la mayor demanda de ingenieros en el mundo es para ser lo que hemos definido como ingenieros profesionales y una cantidad menor como ingenieros científicos.

4.2 Políticas para la formación de ingenieros

No conocemos la existencia de un tratado clásico específico sobre la formación académica del ingeniero. Hemos visto artículos numerosos y explicaciones sobre la forma en que se prepara a los ingenieros en muchos paises -particularmente los más adelantados en ingeniería- pero podría estar faltando una obra que resuma históricamente la evolución de esta profesión en el mundo y la forma en que las escuelas de ingenieros han encarado la formación de este de recurso humano. En Argentina, el ingeniero Nicolás Besio Moreno[34] se ocupó tempranamente de hacer una recopilación, válida en el ámbito local y para su tiempo. Pero en general, lo escrito relata la parte histórica de la enseñanza, sus escuelas, fechas y personalidades, sin tocar la política educativa que se siguió.

En paises como Argentina, donde la cultura está fuertemente influída por la acción de una importante inmigración europea que
formó el sustrato de la sociedad argentina actual, lo que a veces se
llama *"el humus antropológico argentino"*, la preparación académica de los ingenieros se basó primordialmente en las ideas de las
más avanzadas escuelas francesas, italianas y alemanas de su
tiempo. También, las generaciones ilustradas de fín de siglo diez y
nueve y principios del veinte, fueron proclives a tomar los mismos
modelos. De allí provienen muchos de los éxitos culturales argentinos, pero también, algunas ideas que deben ser revisadas para
actualizarlas. La formación estuvo sustentada por una fuerte preparación inicial en ciencias puras que estableció un ***"estilo clásico"*** que aún se mantiene. El *"ingeniero práctico"*, también euro-
peo, nunca se preparó especificamente en Argentina. Mas bien, se
hizo por sí mismo y no tuvo mayor reconocimiento social frente al
intelectual universitario. Este vacío lo cubrió a principios del siglo
veinte, una excelente escuela técnica de nivel medio superior como
fue la "Otto Krause", que lleva el nombre de su fundador. De ese
instituto y de sus cursos superiores para graduados, salieron pro-
mociones de brillantes técnicos que ocuparon inclusive posiciones
de ingenieros en la incipiente industria argentina del primer cuarto
de siglo veinte y en las posiciones técnicas de los organismos del
gobierno. Este instituto se creó en 1901, pero quedó fuertemente
estructurado hacia 1910. En ese momento se lo consideró, por la
calidad de su cuerpo docente y por su equipamiento absolutamente actualizado, uno de los 6 mejores politécnicos del mundo. En el
orden univrsitario, la Universidad Obrera Nacional que comienza a
funcionar en 1953 -Universidad Tecnológica Nacional desde 1959-
pretendió recoger la vieja estela académica de la "Otto Krause",
pero las tendencias políticas educativas la fueron desplazando de
esa senda, hasta que la hicieron muy simular a la formación clásica tradicional. Sobre este particular se puede consultar una publicación de la Academia Nacional de Educación[35] que comenta un
tramo de la historia de la hoy Universidad Tecnológica Nacional. La
universidad clásica, saturada por el *"estilo cientificista"* que impu-
so su modalidad, se propagó por todo el pais y proyectó su estilo
sobre la formación de los ingenieros argentinos. En esta tarea
sobresalió precisamente la Universidad de Buenos Aires, la primera que preparó este tipo de profesional. Sobre los hechos históricos, preferimos remitirnos a lo dicho en el acápite 1.4.2.

Sin embargo, nos agrada ahora relatar algunas ideas sobre la política que se siguió en esa formación. Luego de algunos intentos fallidos, fue la Universidad de Buenos Aires la primera que creó la carrera de *ingeniero civil*. No lo hizo con identidad propia ingenieril, sino que la estableció en su facultad de Ciencias Exactas, Físicas y Naturales, tomando el estilo académico imperante en ella. Aprovechó los recursos académicos de las carreras de ciencias y contrató algunos buenos profesores italianos (muy pocos, a nuestro entender) que se encargaron de fundar la primera carrera de ingeniería. Esa forma de proceder influyó sobre otras universidades como las de Córdoba y La Plata, que crearon a continuación sus carreras de ingeniería también en sus facultades de ciencias. Muy tardiamente, a mediados del siglo veinte, recién se independizaron bajo la forma de facultades de ingeniería, pero esa historia inicial ha dejado una huella profunda en la formación académica.

El empleo de una fuerte y sólida preparación inicial en ciencias fisicomatemáticas, en muchos casos formó una ***personalidad científica***, en vez de una ***personalidad profesional***. Sin que esto sea totalmente negativo, no debe dejar de señalarse.

Estos acontecimientos han dejado fuertes huellas, muy difíciles de modificar y el problema actual quizás más apremiante sea, precisamente, pensar como formar esa necesaria ***personalidad profesional***. Imitando a *"les grands ècoles"* de Francia, se impartió una profunda preparación en matemática, física y química. Tanto es así, que varios matemáticos y físicos argentinos que alcanzaron renombre internacional, son ingenieros argentinos que una vez graduados, prefirieron como carrera en la vida las ciencias en vez de la ingeniería. Las razones de este ***estilo clásico*** fueron valederas si se tiene en cuenta que ese tipo de estudio desarrolla el pensamiento lógico-deductivo, pero no fueron adecuadamente complementadas por una preparación de la personalidad profesional. La formación en ciencias fisicomatemáticas se colocó en los tres primeros años de las carreras, desplazando a la formación profesional hacia el final de los estudios, como arrinconada. Este *"estilo"*, al demandar mucho tiempo de estudios, provocó que las carreras de ingeniería en Argentina fuesen por mucho tiempo, de seis años nominales de duración. En la práctica, de mayor duración. En la Universidad de Buenos Aires, la duración promedio en los últimos tiempos, es de más de ocho años y conforme los datos oficiales del Ministerio de Educación, la duración promedio de las carreras de ingeniería es el orden 1,6 veces la teórica que figura en los planes de estudio. Por ello que el ingeniero típico argentino ha sido hasta ahora -por su carga horaria de estudios- equivalente a un máster norteamericano y en Argentina no se establecieron por muchos años esos cursos de posgrado por no ser necesarios. La alta exigencia y carga horaria de los estudios generaba la existencia de un egesado que parecía reunir las condiciones del grado y el posgrado conjuntamente, en una misma carrera.

En la actualidad comienza a insinuarse un movimiento cultural tendiente a revisar esta política y se han dado los primeros pasos. El Consejo Federal de Decanos de Ingeniería (CONFEDI) está comenzando a revisar este problema con una visión global, pero con las dificultades y contratiempos que es de esperar. Al pretender modificar monolítcas estructuras educativas con más de un siglo de vigencia, se lesionan intereses particulares muy difíciles de disolver.

Dejando de lado estas consideraciones iniciales que esperamos sean materia de tratamiento en un futuro inmediato, veamos ahora como están las cosas. La formación de los ingenieros en Argentina, como en muchos otros paises, contiene un equipamiento intelectual que podemos describir del siguiente modo:

① *Asignaturas de apoyo científico*
② *Asignaturas de las ciencias de la ingeniería*
③ *Asignaturas de las disciplinas profesionales*
④ *Asignaturas de las disciplinas de frontera*

A lo largo de la historia de la enseñanza de la ingeniería en Argentina, estos cuatro conjuntos ha variado conforme las épocas que se vivieron. También, conforme la particular apreciación de los cuerpos colegiados que ejercen la conducción de las universidades nacionales respetando las leyes naturales del pais. Pero debemos reconocer que han cambiado poco, manteniéndose los criterios de principio de siglo veinte y que hemos señalado.

En las universidades privadas de más reciente creación, pero más ágiles academicamente para la toma de decisiones, los programas de estudio y de asignaturas comenzaron copiando practicamente a las universidades nacionales, pero esa tendencia está declinando y están ahora creando conforme sus particulares apreciaciones.

4.3   Asignaturas de las ciencias fisicomatemáticas

Antiguamente, se sostenía que la base de la formación del ingeniero se basaba exclusivamente en la matemática, la física y la química. Esto está cambiando notoriamente. El ingeniero moderno requiere no solo de las ciencias fisicomatemáticas como antiguamente, sino que también acude al auxilio de las ciencias naturales como la ecología, las ciencias económicas, la sociología y, en general, el ingeniero moderno necesita de las ciencias en términos globales y amplios, sin dejar de reconocer que las ciencias fisicomatemáticas todavía prevalecen en algunos tramos iniciales de los estudios.

En la actualidad, el ingeniero es un ***usuario inteligente de las ciencias en general***, empleando sus contenidos para resolver los problemas de la sociedad. La ingeniería no depende de las ciencias fisicomatemáticas para su desarrollo y estabilidad en el tiempo, como antiguamente se pensaba. Como hemos dicho mas arriba, los métodos y contenidos de la ingeniería, difieren sustancialmente de los métodos y contenidos de las ciencias y por ello, no conviene mezclarlos.

Mucho se ha sostenido –antiguamente- que una fuerte preparación en ciencias fisicomatemáticas desarrollaba el pensamiento lógico-deductivo, que es un componente de la creatividad del ingeniero. Quienes propician esta tesis, olvidan que ese pensamiento lógico-deductivo se desarrolla también y tal vez mucho mejor, estudiando la resolución de estructuras hiperestáticas, sistemas de control automático, circuitos de electrónica lógica, circuitos eléctricos de potencia y muchos otros capítulos de la ingeniería específica, con la gran ventaja de que son de utilidad inmediata a un ingeniero. Por otra parte, es muy cierto que el ingeniero debe ser un creador imaginativo, pero en el tiempo actual la profesión de ingeniero no solo se aplica a la creación, sino en muy fuerte medida, a la conducción de sistemas complejos. El ingeniero actual no debe confundirse con un inventor. ***El ingeniero actual es mucho más que un "creativo".***

El estudio de las ciencias fisicomatemáticas debe ser -en las carreras de ingeniería- ***moderado y equilibrado*** y comprende la matemática, la física y la química. No olvidar que las ciencias fisicomatemáticas habitúan la mente a lo abstracto y a lo exacto, cuando *la ingeniería es lo concreto y lo aproximado*. Exactamente al revés. Baste ver los ejemplos resueltos de este libro, para dejarlo demostrado.

La mejor recomendación sobre ellas, es que se deben impartir en la dosis necesaria para comprender las ciencias de la ingeniería que le siguen y nada más. En los estudios de la ingeniería, las ciencias fisicomatemáticas son necesarias, pero con moderación. Además, se debe ser cuidadoso en el contenido de esas disciplinas y su composición debe estar exclusivamente a cargo de ingenieros. Los profesionales de las ciencias fisicomatemáticas que están al frente de esos cursos en las escuelas de ingenieros, tienen dos tendencias poco convenientes. Primero, incluir en los programas de estudio todo lo que sea posible, pareciéndose dichos programas demasiado al índice del último tratado de alto nivel en la materia que adorna la biblioteca del profesor. Segundo, desarrollar el curso como si los alumnos fuesen a seguir sus pasos y convertirse en científicos, cuya única misión en la vida es publicar "papers" en revistas con referato.

En el campo de la *matemática*, mucho es lo que se ha variado en los últimos 50 años. La complejidad de los sistemas de la ingeniería -en cualquiera de sus especialidades- han obligado a emplear el álgebra matricial para representar a los acontecimientos de la ingeniería, acompañando al uso de la computadora. La informática, a su vez, ha hecho necesario emplear el álgebra binaria que más arriba en el capítulo anterior hemos comentado. Es entonces común encontrar en los planes de estudio, las asignaturas de la matemática que tienen que ver -a grandes rasgos- con *las líneas temáticas de la matemática que interesan para ingeniería en el ámbito de cursos de grado* y que se enumeran a continuación:

Tabla 4.2 Líneas temáticas de la matemática que mas interesan para los cursos de ingeniería de grado.

- Trigonometría
- Algebra matricial
- Análisis matemático
- Ecuaciones diferenciales
- Algebra y cálculo numérico
- Análisis vectorial
- Desarrollos en serie

Cada universidad -según sus particulares puntos de vista- colocó dentro de estas líneas temáticas, las asignaturas en el plan de estudios. En muchos casos, la trigonometría se admite que el alumno la trae desde los estudios preuniversitarios, lo mismo que una parte del álgebra básica. Sobre la base de estas líneas temáticas se crean las asignaturas necesarias, algunas de las cuales como Probabilidad y Estadística pueden ser de más necesidad en unas ramas de la ingeniería que en otras. La matemática más avanzada y refinada se reserva -cuando es necesario- para los cursos de posgrado. No quisiéramos cerrar este párrafo dedicado a la matemática, recordando lo escrito por Leonardo Peusner[36], que nos recuerda que el célebre físico Williard Gibbs (1839-1903), en la Universidad de Yale afirmó: *"la matemática es solo un lenguaje"*. Quiso recordarnos que es un conjunto de símbolos que representan objetos reales o imaginarios, sus ubicaciones en espacio y el tiempo, o en el espacio de la imaginación.

La otra ciencia pura que la ingeniería emplea es la **física**, que permite al ingeniero comprender el mundo material del que se ha valer para sus realizaciones. A diferencia de la matemática, la física no es una herramienta operativa, dado que es mucho más instrumental, porque tiene que ver con el universo de los elementos tangibles de que se vale el ingeniero. La física es más conceptual que la matemática y mucho más útil. Los fenómenos de la física están contenidos en los hechos de la ingeniería y en sus productos. La física está constituida por una serie de conocimientos que, muchos de ellos, son indispensables para el ingeniero. Trata diversas leyes que permiten comprender el funcionamiento de las creaciones del ingeniero, como también, permiten actuar con certeza cuando los sistemas, obras o dispositivos de la ingeniería deben ser examinados para resolver problemas de funcionamiento o de mantenimiento. Por otra parte, la física es esencial para penetrar con suficiente base y fundamento en las ciencias del ingeniero, que son la parte más importante en la que se sustentan las disciplinas profesionales.

Lo mismo que la matemática, expongamos **las líneas temáticas de la física que interesan para ingeniería en el ámbito de los cursos de grado,** las que podemos enunciar por medio de la lista que sigue.

Tabla 4.3   Líneas temáticas de la física que mas interesan para los cursos de ingeniería de grado

▪ Estática	▪ Cinemática
▪ Dinámica	▪ Trabajo y energía
▪ Cuerpos rígidos	▪ Movimientos armónicos
▪ Hidrostática	▪ Hidrodinámica
▪ Calorimetría	▪ Cambios de estado
▪ Propagación del calor	▪ Termodinámica
▪ Ciclos térmicos	▪ Movimientos ondulatorios
▪ Sonido	▪ Optica geométrica
▪ Optica física	▪ Magnetismo
▪ Electromagnetismo	▪ Corriente eléctrica
▪ Física nuclear	▪ Física del estado sólido

Es natural que estas líneas temáticas pueden ser ordenadas de diversos modos, con ligeras variantes. Cada universidad tiene sus criterios, pero dentro de los contenidos que terminamos de enumerar.

La tercer ciencia pura necesaria al ingeniero es la **química**, que ha sido necesario intensificar su enseñanza dentro de la ingeniería en los últimos años, particularmente por el amplio desarrollo de la ingeniería química y del petróleo. Por otra parte, también se ha incrementado el estudio de las ciencias de los materiales y de las ciencias del medio ambiente, que requieren mayor uso de la química que 40 años atrás. Como la física, la química es una base para el estudio racional de las ciencias de la ingeniería.

Igual que en caso de la física, podemos marcar **las líneas temáticas de la química que interesan para ingeniería en el ámbito de los cursos de grado** por medio del listado que sigue.

Tabla 4.4 Líneas temáticas de la química que mas interesan para los cursos de ingeniería de grado

▪ Propiedades de la materia	▪ Leyes de los gases
▪ Elementos del sistema periódico	▪ Disoluciones
▪ Estructuras atómicas	▪ Hidratos
▪ Reacciones químicas	▪ Oxidos
▪ Leyes de los cambios químicos	▪ Precipitados
▪ Hidrógeno, oxígeno y agua	▪ Ionización

▪ Elementos de uso técnico	▪ Hidrocarburos
▪ Combustibles	▪ Lubricantes
▪ Radioactividad	▪ Metales

4.4 Asignaturas de las ciencias de la ingeniería

Hemos llegado a un punto importante. Las asignaturas de las llamadas ***ciencias de la ingeniería***, constituyen la base más relevante en la preparación del ingeniero. Si tuviésemos que suministrar una definición de las mismas, debiéramos decir que son ***capítulos de la física y de la química, seleccionados y estudiados con criterio de ingeniero.***

Para su estudio requieren de una base matemática adecuada, que no tiene porque ser necesariamente muy profunda ni muy vasta. El análisis matemático común, algunos desarrollos en serie y las ecuaciones diferenciales, son las herramientas suficientes con las que es posible abordar con éxito estas disciplinas. Requieren, por supuesto, de estudios de física y de química de moderada concepción. Las asignaturas de las ciencias de la ingeniería, por sí mismas, permiten profundizar lo necesario, sin excesiva base anterior. Los estudios de estas ciencias que se emplean frecuentemente en la ingeniería, son los que señalamos en la siguiente lista.

***Tabla 4.5 Lista de disciplinas que componen
las ciencias de la ingeniería***

❖ Estabilidad
❖ Mecánica técnica
❖ Termodinámica
❖ Mecánica de los fluidos
❖ Campos y circuitos eléctricos
❖ Electrónica básica y digital
❖ Control automático
❖ Materiales

La ***estabilidad*** trata sobre los sistemas de cuerpos en reposo, con las fuerzas que actúan sobre ellos y es la base para la ingeniería de las construcciones civiles. También es fundamento de buena parte de las construcciones mecánicas, aeronáuticas y navales. Permite conocer el comportamiento de las estructuras y los esfuerzos a que se ven sometidas. Por esfuerzos entendemos las tracciones, compresiones, flexiones y torsiones que pueden aparecer en elementos estructurales de una obra o en una pieza cualquiera de máquina.

En la figura 4.1 mostramos el croquis de un pórtico simple bidimensional, al que se le aplicó una carga uniformemente repartida en el dindel, estando las bases empotradas en el terreno. La estabilidad permite conocer las deformaciones y las solicitaciones en sus componentes y con ellas poder dar dimensión a los mismos.

En la figura 4.2 vemos una viga empotrada, con una carga en el extremo como solicitación. La estabilidad permite conocer las deformaciones y los diversos tipos de esfuerzos que sufre en todos sus puntos y con ellos, calcular las dimensiones de dicha viga.

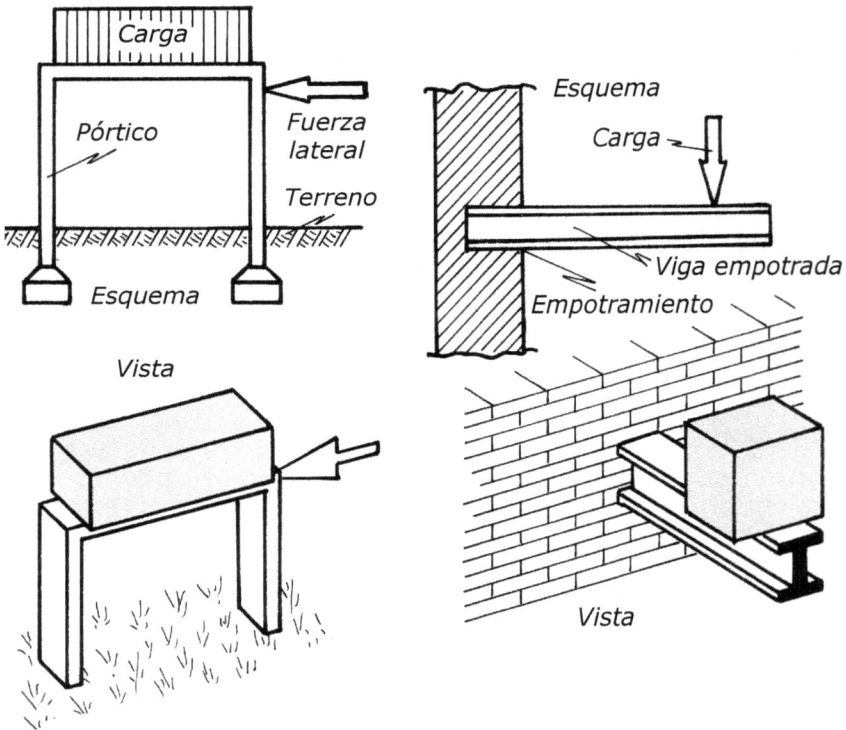

Fig. 4.1 Pórtico simple

Fig. 4.2 Viga simplemente empotrada

La **mecánica técnica** trata el estudio del comportamiento de los cuerpos rígidos en movimiento y la forma en que funcionan los mecanismos. Entran en juego las velocidades, las aceleraciones, la inercia y las fuerzas actuantes. Por ejemplo, en la figura 4.3 tenemos el croquis de un mecanismo biela manivela, como es buen ejemplo el conjunto de pistón, biela y cigüeñal de un motor de automóvil. Allí se convierte un movimiento alternativo del pistón dentro del cilindro, en un movimiento rotatorio en el eje motor. En la figura 4.4 dibujamos un par de engranajes sobre dos ejes, de gran aplicación en mecánica para relacionar dos movimientos rotatorios de distinta velocidad. Piñón se le llama al engranaje de menor dimensión y corona al mayor.

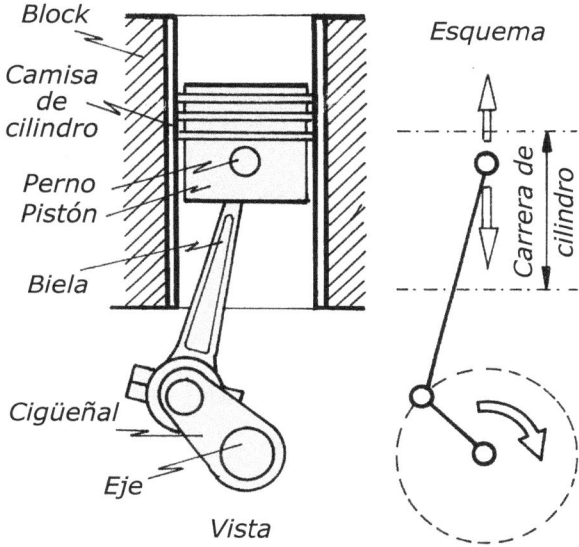

Fig. 4.3 Mecanismo biela-manivela

La **termodinámica** trata los fenómenos relacionados con el calor y la energía, que explican el principio de funcionamiento de muchas máquinas que aprovechan los efectos del calor. También estudia los fenómenos de traslación del calor de un medio a otro y los fenómenos del aire húmedo. Ejemplos de estos son los fenómenos que ocurren en los cilindros de los motores térmicos como los de un automóvil, en las calderas productoras de vapor para usos diversos, en las máquinas frigoríficas, en las turbinas a vapor, en las turbinas a gas (industriales o de aviación) y otras máquinas que emplean el calor latente de los combustibles o la energía de otros fluidos. En la figura 4.5 apreciamos el ciclo térmico de un motor a nafta, en que mediante dos ejes de coordenadas que representan la presión existente y los volúmenes en la cámara de combustión, se pueden poner de manifiesto los fenómenos termodinámicos principales. La combustión del combustible se produce a

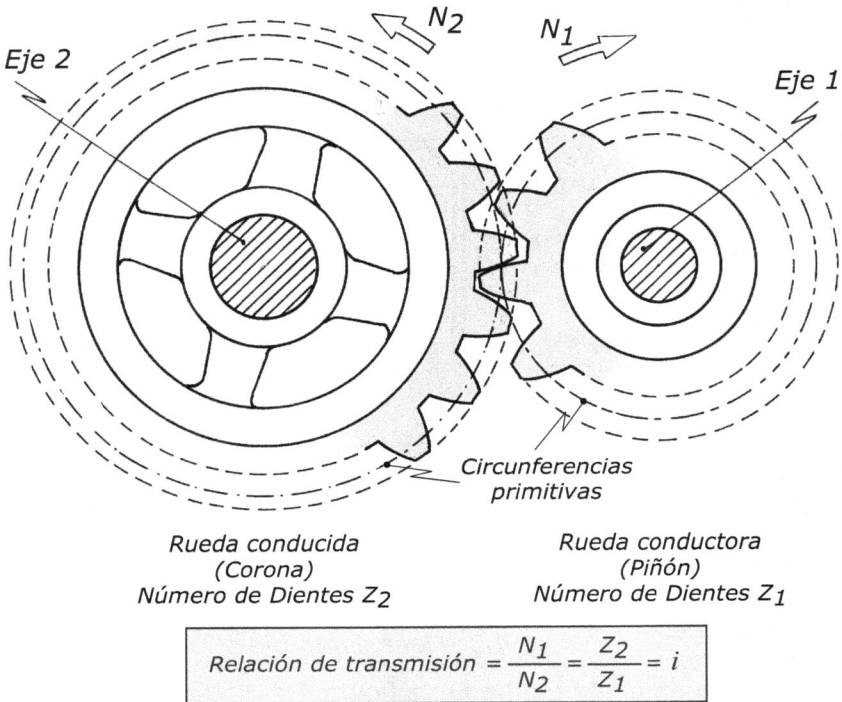

$$\text{Relación de transmisión} = \frac{N_1}{N_2} = \frac{Z_2}{Z_1} = i$$

Fig. 4.4 Conjunto de dos ruedas dentadas

volumen constante. En la figura 4.6 tenemos en vez el ciclo de un motor diesel en el mismo sistema de coordenadas. En este caso, la combustión del combustible se produce a presión constante. Los dos diagramas son teóricos, dado que los reales no tienen puntos tan nítidos de discontinuidad, como marcamos en ambas figuras con puntos numerados.

La ***mecánica de los fluidos*** estudia los fenómenos relacionados principalmente con el agua, sea en reposo como en movimiento y los mecanismos que se relacionan con ella y aprovechan sus efectos. Las mismas leyes se estudian para otros fluidos diferentes al agua. Las turbinas hidráulicas, las bombas de agua, las tuberías, los canales y los ríos, son campo de aplicación de estas teorías. Hay también aplicaciones combinadas de la mecánica de los fluidos con la termodinámica, cuando se trata de fluidos en movimiento que, además, son portadores de energía en forma de calor. La figura 4.7 muestra el vertedero de un embalse para pro-

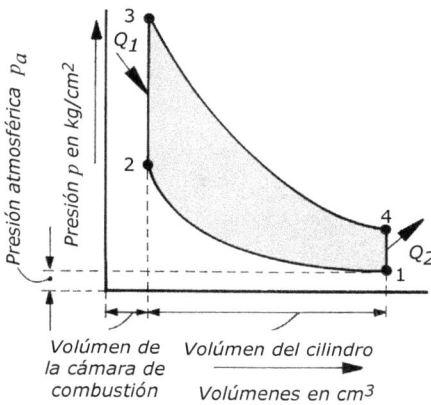

Fig. 4.5 Ciclo de un motor
a nafta (Ciclo Otto)

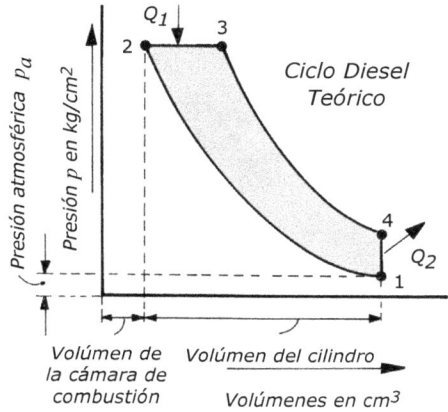

Fig. 4.6 Ciclo de un motor
diesel

REFERENCIAS *(sobre Fig. 4.5 y 4.6)*

1-2 *compresión adiabática*
2-3 *combustión a volúmen constante*
3-4 *expansión adiabática*
4-1 *escape*
Q_1 *calor aportado (combustión)*
Q_2 *calor perdido (escape)*

ducir energía eléctrica, por el cual escurre el excedente de agua que trae el río y que no se emplea. En la figura 4.8 mostramos una tubería forzada que vincula una presa hidroeléctrica, con la casa de máquinas que está a su pié. En ambos ejemplos, el agua debe cumplir con las leyes de la hidrodinámica y la hidrostática.

Fig. 4.7 Vertedero de un embalse

Esquema de central hidroeléctrica alimentada por tubería a presión

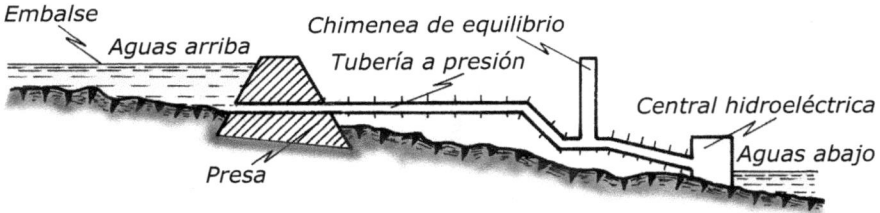

Fig. 4.8 Tubería para alimentar una central
hidroeléctrica desde una presa

Los **campos y circuitos eléctricos** se emplean en dos ramas principales de la ingeniería: la **energía** y la **electrónica**. Los campos se estudian para conocer el comportamiento de la propagación electromagnética y otros efectos. Los circuitos de energía son por lo regular de alta tensión, alta potencia y baja frecuencia, para el uso industrial, domiciliario, transporte, iluminación y otras aplicaciones. El otro empleo de los circuitos eléctricos es en dispositivos electrónicos, por lo regular de baja tensión, baja potencia pero alta frecuencia. En la figura 4.9 se ve un circuito elemental de corriente alterna para alimentar una vivienda común de familia, con su elemento protector, su elemento de maniobra y su carga que es la vivienda en donde se emplea la energía. En la figura 4.10 dibujamos el esquema representativo de un circuito electrónico, un receptor elemental de radio.

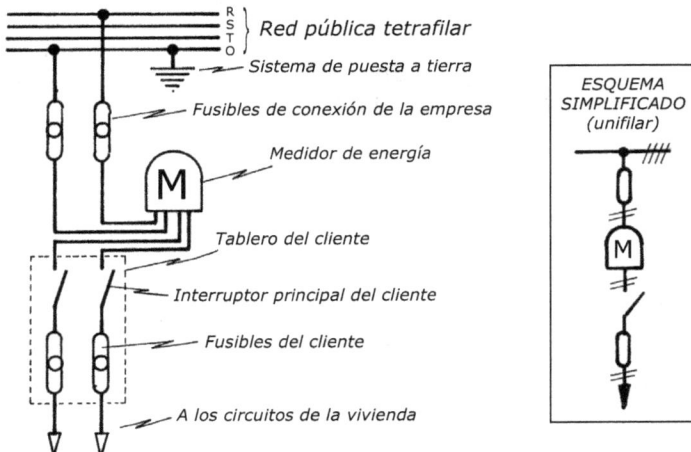

Fig. 4.9 Circuito eléctrico de alimentación de una casa de familia

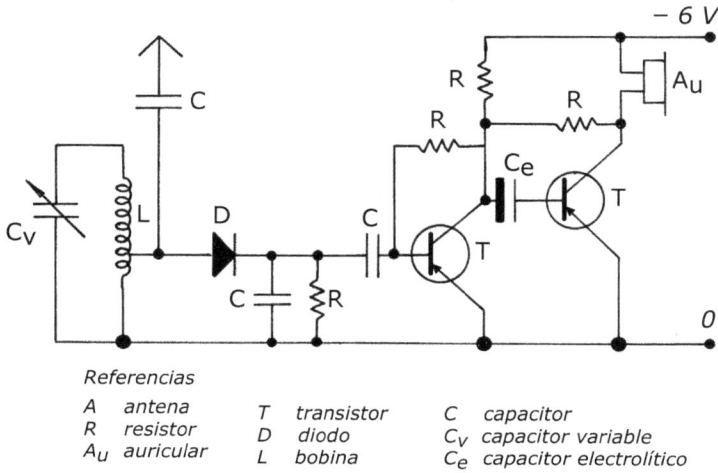

Referencias

A	antena	T	transistor	C	capacitor
R	resistor	D	diodo	C_v	capacitor variable
A_u	auricular	L	bobina	C_e	capacitor electrolítico

Fig. 4.10 Circuito electrónico de un receptor elemental de radio

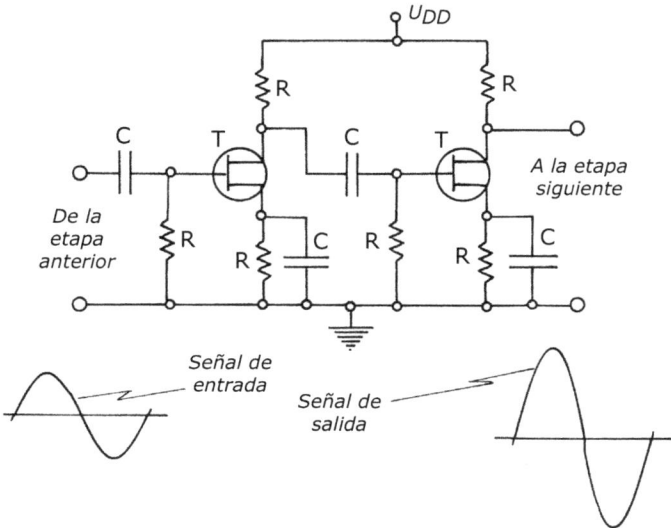

Fig.4 11 Circuito de dos transistores actuando como amplificador

La **electrónica básica y digital** es la rama de la ingeniería que estudia la intimidad de los elementos que componen un circuito electrónico, su comportamiento, sea individual como en conjunto con otros y todo lo relacionado con los conjuntos que emplea la tecnología digital. En la figura 4.11 tenemos dos transistores de efecto de campo, que constituyen un circuito electrónico elemental que recibiendo una señal, la magnifica, para lo cual necesita un circuito propio que confiera las aptitudes para esa función. En la figura 4.12 tenemos un decodificador de 7 segmentos, muy común como señalador en los sistemas electrónicos y otros mecanismos de la misma naturaleza.

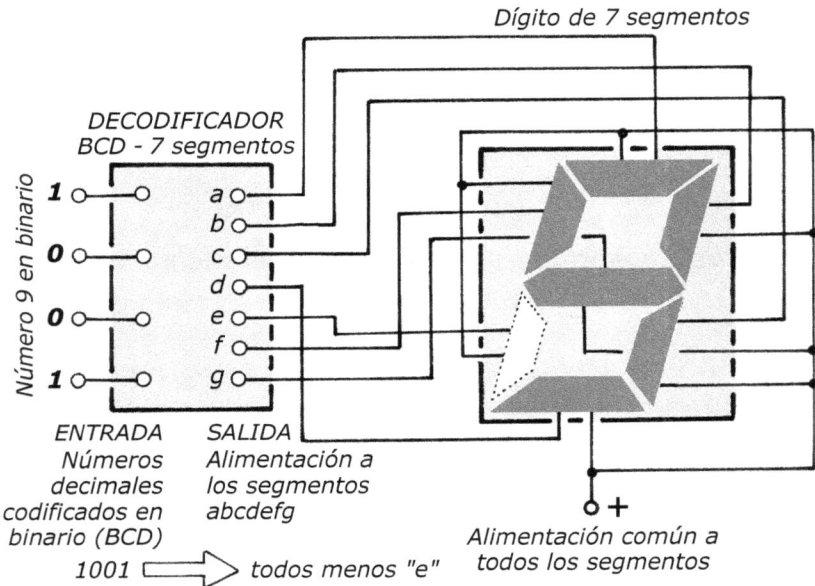

Fig. 4.12 Decodificador de 7 segmentos

El **control automático** es la ciencia que estudia los mecanismos capaces de ejecutar acciones predeterminadas, conforme instrucciones recibidas, o almacenadas, o programadas. Un control automático muy antiguo es el regulador de Watt, que detecta la velocidad de una máquina a vapor y sobre la base de ella, abre o cierra la válvula de admisión del vapor según convenga, haciendo que en forma automática la velocidad se mantenga constante. Cuando la velocidad tiende a disminuir, abre más la válvula, permite más paso de vapor y la máquina recobra la caída de velocidad y viceversa. Enorme cantidad de mecanismos de la ingeniería se basan en esta simple idea y por ello, en la ingeniería moderna hay infinidad de aplicaciones del control automático, que la han convertido

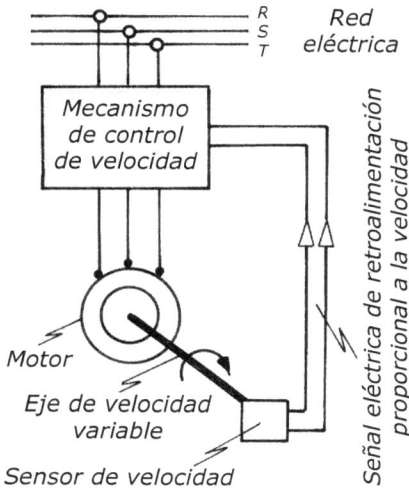

Fig. 4.13 Esquema de un control automático de velocidad de motor

en una verdadera disciplina técnica independiente. Por lo regular, los sistemas de control automático contienen una ingeniosa combinación de sistemas de distinta naturaleza, comandados habitualmente por circuitos electrónicos. Muchos se basan en el criterio de la "retroalimentación", denominada vulgarmente con la expresión inglesa "feedback". En la figura 4.13 vemos el esquema de un sistema para el control de la velocidad constante de un motor eléctrico, por medio de un sistema electrónico. En la figura 4.14 tenemos el caso de la antigua válvula de retención de agua, que por simple posición del órgano de cierre a causa de la acción de la gravedad, impide el paso de agua de arriba hacia abajo, pero permite el paso de agua de abajo hacia arriba al levantar simplemente el cierre. Pese a lo elemental, es un mecanismo automático de control de dirección de un fluido.

La actualmente llamada *ciencia de los materiales* es una rama multidisciplinaria que abarca la química, la física, y prácticamente todas las ciencias de la ingeniería. Permite el estudio de los materiales

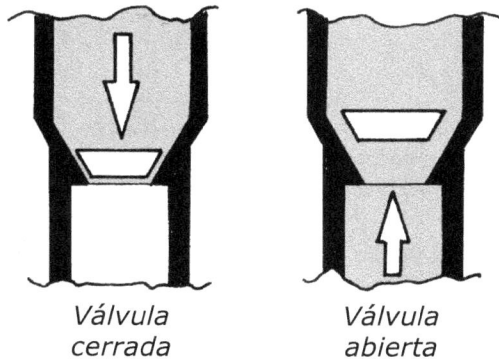

Válvula cerrada   Válvula abierta

Fig. 4.14 Esquema de válvula hidráulica de bloqueo de dirección del agua

existentes en la naturaleza y sus propiedades, como también, la creación de nuevos materiales, o la transformación de los existentes, partiendo de requerimientos establecidos para cumplir determinadas propiedades. Si bien desde tiempos remotos el hombre trabajó los materiales creando otros nuevos como el caso del bronce o el acero, e inventó tratamientos como el templado del acero, en el momento actual esta tarea ha dejado de ser empírica para valerse intensamente de las ciencias fisicomatemáticas, los ensayos de laboratorio y los criterios de la ingeniería. Por ello distinguimos grandes áreas de aplicación de los materiales. En la construcción de edificios, en los sistemas conductores de la energía eléctrica, en los circuitos magnéticos de las máquinas eléctricas, en los sistemas aislantes del calor de los hornos, en los materiales semiconductores de la electrónica del estado sólido, en la microelectrónica, en la mecánica industrial, en la industria alimentaria, en las construcciones navales o aeronáuticas y gran cantidad más de aplicaciones. En la figura 4.15 tenemos un diagrama de comportamiento de varios materiales y en figura 4.16 muestras metalográficas de diversos tipos de hierros.

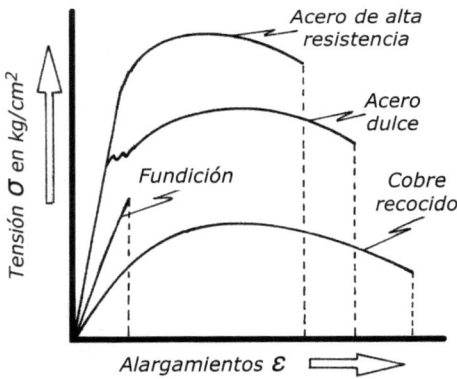

Diagrama de tensiones y alargamientos
de varios materiales

Fig. 4.15 Comportamiento de
varios materiales

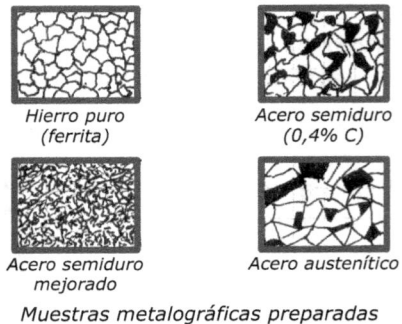

Muestras metalográficas preparadas

Fig. 4.16 Muestras metalográficas de algunas aleaciones del hierro

4.5 Asignaturas profesionales

Son las **asignaturas profesionales** las que, a continuación de las ciencias de la ingeniería, entran decididamente en materia y permiten al estudiante conocer los métodos específicos de que se vale un profesional para resolver sus problemas.

Por lo regular, estas **asignaturas** se componen de varias partes típicas. La primera suele ser **descriptiva**, ya que explica como son los sistemas, como son sus componentes, y cuales son los materiales con que se construyen. La segunda parte es **funcional** y explica como funcionan los elementos o sistemas de esa especialidad, bajo que principios y como se comportan. La tercera parte es **dimensional**, ya que permite conocer como se calculan las cantidades en juego y como se calculan las dimensiones de cada componente. La cuarta parte es **constructiva** y enseña como se construyen los elementos y como se ensamblan para constituir un todo armónico. En muchos casos, puede haber una quinta parte **experimental**, consistente en el estudio de los ensayos de laboratorio para verificar las cualidades de funcionamiento, conocer sus límites de empleo y poder realizar los ensayos en las recepciones o las puestas en servicio.

**Tabla 4.6 Lista de las asignaturas
profesionales más corrientes**

Construcciones de hormigón armado	Construcciones metálicas
Estabilidad	Mecánica de suelos y fundaciones
Construcción de edificios	Diseño arquitectónico
Materiales y ensayos	Teoría de las estructuras
Topografía y geodesia	Caminos y obras viales
Ferrocarriles	Transportes
Puentes	Puertos
Aeropuertos	Vías navegables
Termotecnia	Electrotecnia
Máquinas eléctricas	Teoría de los circuitos
Máquinas hidráulicas	Máquinas térmicas
Medidas eléctricas	Mecanismos
Hidráulica	Dispositivos electrónicos
Tecnología mecánica	Instalaciones eléctricas
Instalaciones térmicas	Instalaciones hidráulicas
Presas y embalses	Canales y tuberías
Centrales eléctricas	Calderas
Sistemas eléctricos de potencia	Redes de distribución eléctrica
Recursos energéticos	Líneas de transmisión de la energía
Equipamiento industrial	Procesos industriales
Automación	Química industrial
Construcciones industriales	Control de calidad
Organización industrial	Control de gestión
Sistemas de producción	Logística industrial
Seguridad industrial	Equipos electrónicos
Teoría de los circuitos electrónicos	Planeamiento
Instrumentos y medidas electrónicas	Técnicas digitales
Sistemas de comunicaciones	Propagación
Telefonía digital	Procesamiento de las señales
Microprocesadores	Sistemas satelitales
Equipamiento de sistemas de potencia	Transmisión por fibra óptica

Merecen mencionarse también tres disciplinas que provisionalmente llamaremos *asignaturas operacionales*, que bien pueden impartirse en la parte inicial de la carrera, o bien se las puede exigir como condición de ingreso en medida suficiente como para iniciar su aplicación. Estas son: *Idiomas extranjeros, Medios de representación e Informática.*

Sobre las disciplinas profesionales, no entraremos en detalle. Simplemente citaremos con una lista en Tabla 4.6, las asignaturas de estudio que corrientemente se encuentran en los planes de estudio en Argentina.

4.6 Asignaturas de frontera

Como hemos expresado largamente en los acápites del Capítulo 1 de más arriba, la ingeniería actual tiene un espectro cada vez más amplio. El ingeniero debe trabajar bajo condiciones de contorno muy exigentes y diversificadas, conviviendo con muchas otras profesiones intelectuales. La labor en equipo, es lo normal y frecuente. Por esta razón, desde la universidad se le inculcan algunas disciplinas que componen el contenido curricular de otras profesiones universitarias.

El ingeniero no debe estudiar disciplinas ajenas a la ingeniería para practicarlas, sino para *entenderlas* y saber comprender y valorar el trabajo de otros profesionales del equipo multidisciplinario que le toque integrar.

Esto se ha venido haciendo desde hace mucho tiempo en Argentina. Destaquemos que ingenieros formados en nuestras universidades en las décadas de los años treinta y cuarenta, ya debían cumplir cursos de "Ingeniería Legal" y "Economía de empresas", entre otros. Esta tendencia se ha incrementado actualmente, al haber observado que los ingenieros argentinos cada vez más ocupan posiciones de gerencia y administración. Llama la atención que, sin embargo, los cursos de contadores públicos, licenciados en administración de empresas, derecho y otras profesiones, carecen de cursos de ingeniería necesarios para comprender el mundo que administran.

Las asignaturas de este tipo -que las hemos llamado de fron-

tera para darles alguna denominación novedosa- pueden ser variadas y su elección depende de los criterios de formación que cada
universidad aplique. Por lo tanto, la lista que sigue es solo orienta-
tiva y no determinante.

**Tabla 4.7 Lista de las asignaturas
de frontera más corrientes**

Economía	Derecho
Ecología	Administración de empresas
Humanidades	Administración de personal
Lenguaje y comunicación	Ejercicio profesional
Política internacional	Investigación y desarrollo
Artes	Política y geopolítica
Etica	Sociología
Seguridad en el trabajo	Sistema político argentino

4.7 Ejemplos resueltos

Ejemplo resuelto 4.7.1 *(Ejemplo de estabilidad).*
Obra de consulta "Estabilidad" [38]

Datos: Se tiene una viga simplemente empotrada como enseña la figura 4.17, de *10 m* de largo útil. En el medio, es decir a
5 m del empotramiento recibe una carga de arriba hacia debajo de
200 kg de peso. A *7,5 m* hay otra carga de *200 kg* pero esta vez,
de abajo hacia arriba. Finalmente, en el extremo hay una carga de
500 kg hacia abajo.

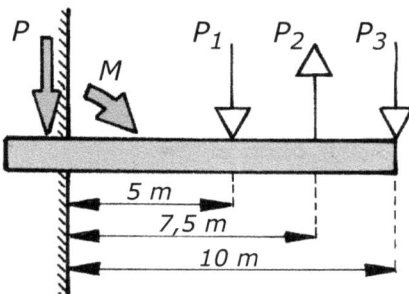

*Fig. 4.17 Viga simplemente
empotrada con tres cargas*

Se desea conocer que
fuerza debe soportar el empotramiento a causa de las cargas
que le transmite la viga. También, cual es la cupla (o momento) que soporta en el empotramiento.

Solución: La fuerza resultante que debe soportar el empotramiento, es la suma de las
cargas existentes, cada una con
su signo, es decir;

$$F = P_1 + P_2 + P_3 = 200 - 200 + 500 = 500 \ kg \quad \textbf{(4.1)}$$

La cupla (o momento) a que será sometido el empotramiento es la suma -con sus correspondientes signos- de las fuerzas actuantes por sus respectivos brazos de palanca, es decir;

$$M = P_1 \ l_1 + P_2 \ l_2 + P_3 \ l_3 = 200 \times 5 - 200 \times 7,5 + 500 \times 10 =$$

$$= 1\ 000 - 1\ 500 + 5\ 000 = + 4\ 500 \ \text{kg-m (kilogramo-metro)} \quad \textbf{(4.2)}$$

En consecuencia, el empotramiento recibe dos solicitaciones: una carga de *500 kilogramos-peso (kg)*, más un momento flector de *4 500 kilogramo-metro (kg.m)*. Hemos empleado la unidad *kilogramo* para las cargas, porque en este tipo de estudio es lo que se emplea en la práctica. Sin embargo, se debiera comenzar a usar el *Newton (N)* para las fuerzas, y para las cuplas o momentos el *Newton-metro (N.m)*.

Ejemplo resuelto 4.7.2 *(Ejemplo de mecánica técnica).*
Obra de consulta "Ingeniería de la energía eléctrica" [39].

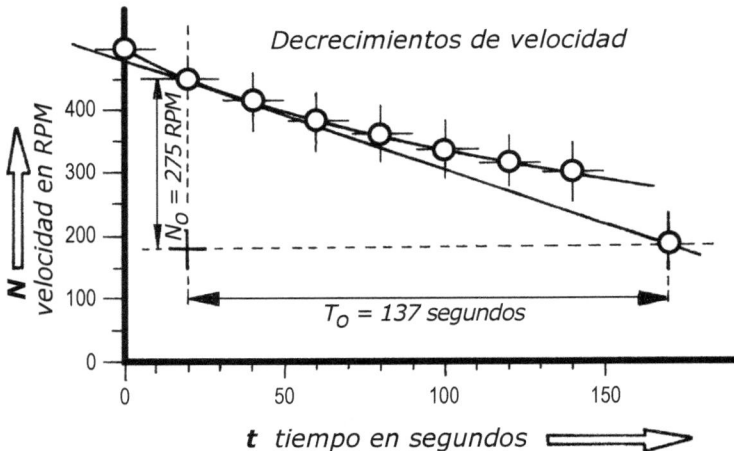

Fig. 4.18 Curva del decrecimiento de la velocidad de un sistema rotante

Datos: Una importante máquina rotante deja de ser alimentada (Por ejemplo, si es un generador eléctrico, desacoplándolo de la turbina que lo impulsa) y comienza a decrecer su velocidad de rotación hasta detenerse completamente. La energía cinética acumulada se consume en las inevitables pérdidas por frotamiento, particularmente en los cojinetes y con el aire. Durante ese estado de funcionamiento transitorio, se registra la velocidad en función del tiempo como se ilustra en la figura 4.18. De acuerdo a ensayos previos, se sabe que la potencia que consumen los frotamientos origina una potencia perdida de valor $P_{mec} = 11,3\ kW$. Se desea conocer el "GD^2" del sistema rotante y hacer un estudio del mismo.

Solución: Todas las máquinas rotantes tiene un rotor, que no es otra cosa que un sistema de masas que giran vinculadas todas a un eje de giro. Esas masas rotantes tienen un *momento de inercia polar* respecto del eje de giro, que viene expresado por medio de la fórmula general de la física:

$$J=\int r^2 dm \tag{4.3}$$

En esta expresión, J es el momento de inercia polar de todo el sistema que gira, r son las distancias al eje de giro y dm son las masas diferenciales colocadas a las distancias r. También de los estudios de física se sabe que la *energía cinética* de ese sistema rotante se expresa mediante la siguiente fórmula:

$$A=\frac{1}{2}\omega^2\int r^2\ dm=\frac{1}{2}\omega^2 J \tag{4.4}$$

Continuemos analizando el fenómeno físico. El rotor de la máquina se va deteniendo como lo muestra la figura 4.18 a causa de las pérdidas por rozamiento. Vale decir, la energía cinética que tenía al momento de cortar la alimentación, se convierte en calor. Cada instante que pasa, el rotor pierde un incremento de velocidad, que se obtiene diferenciando la expresión (4.4);

$$dA=d\left[\frac{1}{2}J\omega^2\right] \tag{4.5}$$

Recordando que el trabajo A es la potencia P por el tiempo t, escribiendo en forma más explícita y haciendo la derivada de la expresión en el corchete;

$$dA=P_{mec}\ dt=d\left[\frac{1}{2}J\omega^2\right]=J\omega\ d\omega \tag{4.6}$$

Debemos tener en cuenta dos expresiones que vienen de la física;

$$J = \int r^2 \, dm = M \left[\frac{D}{2} \right]^2 = \frac{G}{g} \left[\frac{D}{2} \right]^2 = \frac{G \, D^2}{4 \, g} \qquad \textbf{(4.7)}$$

$$\omega = \frac{\pi \, N}{30} \qquad \textbf{(4.8)}$$

Diferenciando la (4.8) $\qquad d\omega = \frac{\pi}{30} \, dN \qquad \textbf{(4.9)}$

A esta altura del desarrollo conviene recordar que es cada cosa.

P_{mec} = Potencia perdida por rozamientos y que va detenien-do al rotor que gira.

M = Masa giratoria.

g = Aceleración de la gravedad.

G = Peso total del sistema rotante.

D = Diámetro de inercia. Es una definición teórica. Repre-senta el *"diámetro promedio"* que multiplicado por el peso total y dividido por *4g* previo elevarlo al cua-drado, proporciona el momento de inercia de la (4.3). Ver (4.7)

ω = Velocidad angular de rotación, en *radianes por segundo.*

N = Velocidad de rotación en *revoluciones por minuto (RPM).*

Reemplazando en la (4.6) y despejando;

$$P_{mec} = \frac{\pi^2}{3600 \, g} \, G \, D^2 \, N \, \frac{dN}{dt} \qquad \textbf{(4.10)}$$

Despejando otra vez: $G \, D^2 = 365000 \, \dfrac{P_{mec}}{N} \, \dfrac{dt}{dN} \qquad \textbf{(4.11)}$

El valor de la derivada *dt / dN* se puede calcular gráficamente en la figura 4.18, empleando los incrementos finitos en vez de los diferenciales. Los valores T_o y N_o se obtienen en forma gráfica de la figura y tenemos;

$$G \, D^2 = 365000 \, \frac{P_{mec}}{N_o} \, \frac{T_o}{N_o} = 365000 \, \frac{P_{mec}}{N^2} = \qquad \textbf{(4.12a)}$$

$$= 365000 \, \frac{11,3 \times 137}{275^2} = 7471,8 \text{ kg.m}^2 \qquad \textbf{(4.12b)}$$

> *Nota técnica:* el valor $G.D^2$ es un valor garantizado que entregan las fábricas de grandes maquinarias, y es de mucha utilidad para el estudio de perturbaciones en la marcha de grandes unidades generadoras de energía eléctrica.

Ejemplo resuelto 4.7.3 *(Ejemplo de termodinámica).*
Obra de consulta "Termodinámica técnica" [40].

Datos: En los cilindros del motor a nafta de un automóvil, se producen varias transformaciones termodinámicas, como se explicó en figura 4.3. Cuando el cilindro terminó de aspirar mezcla (aire y combustible) en su punto muerto inferior, comienza la compresión de esa mezcla hasta el punto muerto superior. Las condiciones de partida -a causa de la explosión anterior- son de una temperatura de *77º C (grados centígrados)* y una presión igual a la atmosférica, es decir, *1 kg por cm2 (kg/cm2)*. El pistón sube y comprime el aire hasta un quinto del volumen inicial.

Se desea saber cual es la presión y la temperatura al llegar al punto superior, antes de iniciarse la explosión de la mezcla por efecto de la chispa de la bujía.

Solución: Como en todo problema de ingeniería, debemos admitir ciertas hipótesis simplificativas para un ejemplo que no pretende precisión absoluta. En primer lugar, admitimos que las características de la mezcla explosiva son las del aire, dado que prevalece este gas. Para el aire, existe una constante que debemos emplear y que por física sabemos es la siguiente:

$$k = \frac{c_p}{c_v} = \frac{\textit{calor específico a presión constante}}{\textit{calor específico a volúmen constante}} = \frac{0,237}{0,168} = 1,4 \quad \textbf{(4.13)}$$

Recordemos que, calor específico, es la cantidad de calor que se debe entregar a un gas para que *1 kg* del mismo eleve *1º C* su temperatura. La compresión de la mezcla se admite que se produce tan rápidamente, que el cilindro no tiene tiempo de perder calor. Por lo tanto, la compresión se hace sin pérdida alguna y a este tipo de cambio se lo llama *transformación adiabática*. Para las transformaciones adiabáticas la termodinámica tiene sus fórmulas, que aplicaremos. Primero calcularemos la relación de compresión que es:

$$\rho = \frac{p_2}{p_1} = 5 \qquad \textbf{(4.14)}$$

Las temperaturas en las fórmulas básicas de la termodinámica se expresan en *grados Kelvin (°K)*, por lo que hay que convertir a centígrados en cada caso. La temperatura inicial es de

$$T_1 \ °K = 273 + t = 273° C + 77° C = 350 \ °K.$$

Por medio de fórmulas conocidas de la física y de la termodinámica, procedemos a calcular:

$$T_2 = T_1 \ \rho^{\ (k-1)} = (273+77) \ \rho^{\ (1,4-1)} = 350 \ x \ 5^{0,4} = 666 \ °K = 393 \ °C \quad \textbf{(4.15)}$$

$$P_2 = P_1 \ \rho^{\ K} = 1 . 5^{1,4} = 9,5 \ kg/cm^2 \qquad \textbf{(4.16)}$$

Cuando el pistón comprime la mezcla, ésta alcanza una temperatura de *393ºC* y una presión de *9,5 kg/cm²*.

Ejemplo resuelto 4.7.4 *(Ejemplo de mecánica de los fluidos).* Obra de consulta "Hidráulica y máquinas hidráulicas" [37].

Datos: Por un conducto circular de sección recta de *0,30 m* de diámetro circula un caudal de *100 m3/hora* de fuel-oil. El fluido tiene una densidad de *0,94 kg/dm³* y una viscosidad de *0,18 kilogramo(peso) x segundo/m²*. En la figura 4.19 vemos un esquema de la instalación.

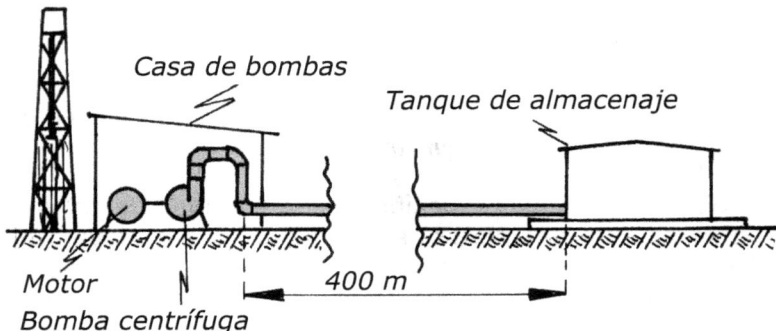

Fig. 4.19 Esquema del equipo para un bombeo de fuel-oil

Calcular la pérdida de carga, la resistencia opuesta al escurrimiento en un tramo de *400 m* y la potencia necesaria para la circulación a lo largo del conducto.

Solución: Primero convertimos las unidades del caudal y luego calculamos la velocidad media:

$$Q = \frac{100\ m^3\ /\ hora}{3\ 600\ seg\ /\ hora} = 0,0278\ m^3\ /\ seg \qquad \textbf{(4.17)}$$

$$V = \frac{Q}{F} = \frac{0,0278\ m^3\ /\ seg}{\dfrac{\pi}{4}\,0,09\ m^2} = \frac{0,0278}{0,0707} = 0,393\ m\ /\ seg \qquad \textbf{(4.18)}$$

Ahora calculamos el *Número de Reynolds*, que recodemos de física es un coeficiente característico de cada fluido, con una unidad que no interesa indicar aquí.

$$Re = \frac{V\,d\,\gamma}{\eta\,g} = \frac{0,393\ m\ /\ seg\ x\ 0,30\ m\ x\ 940\ kg\ 7\ m^3}{0,18\ kg\ .\ seg\ /\ m^2\ x\ 0,09\ m^2} = 62,8 \quad \textbf{(4.19)}$$

Para el *régimen laminar* -que es aquél sin turbulencias- se pueden calcular las llamadas *pérdidas de carga*, que son mermas de presión a causa de los inevitables frotamientos del fluido contra las paredes de la tubería y que se expresan en *metros de pérdida, por metro de longitud (m/m)*.

$$j = \frac{32\,\eta}{\gamma\,d^2}\,V = \frac{32\ x\ 0,18\ kg\ .\ seg\ /\ m^2}{940\ kg\ /\ m^3\ x\ 0,09\ m^2}\ 0,393\ m\ /\ seg = 0,0268\ m\ /\ m \quad \textbf{(4.20)}$$

Para el tramo de *400 m* resultará una pérdida total de;

$$J = j\ .\ l = 0,0268\ m\ /\ m\ x\ 400\ m = 10,72\ m \qquad \textbf{(4.21)}$$

Esto indica que a lo largo de la cañería, se produce una pérdida equivalente a *10,72 metros* de altura. Esto tiene a su vez la equivalencia;

$$\Delta p = 10,72\ m\ x\ 940\ kg\ /\ m^3 = 10\ 077\ kg\ /\ m^2 = 1,0077\ kg\ /\ cm^2\ \textbf{(4.22)}$$

La resistencia que se opone al paso del fuel-oil en los *400 m*

$$W = \gamma \frac{\pi d^2}{4} l . j = 940 \, kg / m^3 \, x \, 0,0707 \, m^2 \, x \, 400 \, m \, x \, 0,0268 \, m / m =$$

$$= 712,43 \, kg \qquad \textbf{(4.23)}$$

$$\tau = \frac{W}{2 \pi r l} = \frac{\gamma \pi r^2 l j}{2 \pi r l} = \gamma \frac{r}{2} j$$

$$\textbf{(4.24)}$$

$$\tau = 940 \, kg / m^3 \, x \, 0,15 \, m \, x \, 0.0268 \, m / m = 3,78 \, kg / m^2$$

La potencia consumida para provocar la circulación debe ser:

$$N = \gamma Q \, l = 940 \, kg / m^3 \times 0,0278 \, m^3 / seg \times 10,72 \, m =$$
$$= 280,14 \, kg.m / seg \qquad \textbf{(4.25)}$$

Pasando a una unidad practica como es el *Caballo Vapor (CV)* del sistema MKS:

$$N = \frac{280,14 \, kg.m / seg}{75 \, (kg.m/seg) / CV} = 3,7 \, CV \qquad \textbf{(4.26)}$$

Esa es la potencia que se necesita en el equipo bombeador, para hacer circular el fluel-oil por los 400 metros de conducto.

Ejemplo resuelto 4.7.5 *(Ejemplo de Circuitos Eléctricos).*
Obra de consulta "Ingeniería de la energía eléctrica" [39].

Datos: Sobre una red eléctrica tetrafilar (Cuatro conductores) para servicios de luz y fuerza motriz, cuyas tensiones son *3 x 380 / 220 Volt*, se aplican 3 cargas (consumos) iguales, cuya impedancia se expresa por medio del número complejo $\bar{Z} = 3 + j4$ Ω. El circuito responde al esquema de figura 4.20.

Se desea conocer el valor de las corrientes en las cuatro líneas de alimentación.

Solución: El valor de las tensiones dado, *3 x 380 / 220 V*, significa abreviadamente que entre cualquiera de los tres condutores marcados con R S T (que se denominan "polos vivos" y se usan para fuerza motriz) existe una tensión de *380 Volt* y entre cual-

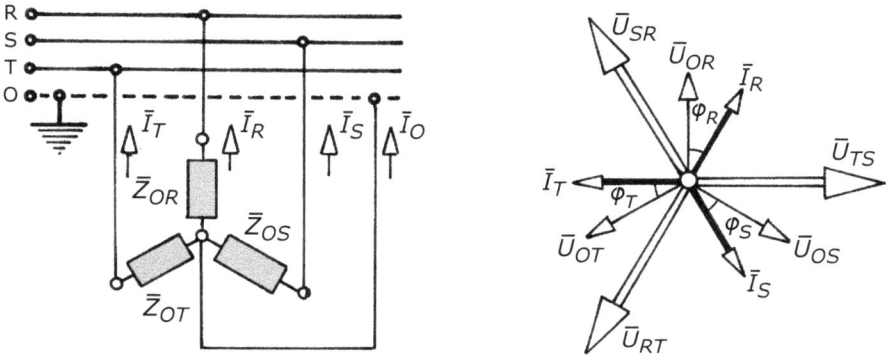

*Fig. 4.20 Circuito eléctrico trifásico equilibrado
y su diagrama vectorial*

quiera de los tres R S T y el "polo neutro" marcado con O, existen *220 Volt*. Los tres consumos, que se llaman impedancias, de cada una de las tres cargas se expresa matematicamente con ayuda de los números complejos, en forma cartesiana o polar, como indicamos a continuación:

$$\bar{Z}_{OR} = \bar{Z}_{OS} = \bar{Z}_{OT} = 3 + j\,4 = 5 \angle 53,13° \qquad \textbf{(4.27)}$$

Esta expresión nos dice que las tres impedancias de carga (consumos) son iguales y que tiene una parte real que vale *3* y una parte imaginaria que vale *4*. El operador *j* antepuesto al *4* indica que esa magnitud está a 90° de la otra. En la otra forma de expresión, llamada *polar,* se indica que el *módulo* del vector representativo vale *5* y que está a un *angulo* de *53,13°* respecto del eje positivo de las *"x"*.

Aplicando la simple ley de Ohm a los módulos, se obtiene:

$$Corriente\ de\ lína\ I = Corriente\ de\ fase\ I_f = \frac{U}{Z} = \frac{220}{5} = 44\ Amper\ (A) \quad \textbf{(4.28)}$$

Por lo tanto, las tres corrientes de las líneas son las mismas que las que circulan por las fases y valen;

$$I_R = I_S = I_T = 44\ A \qquad \textbf{(4.29)}$$

Esta forma indica el valor absoluto o módulo de las corrientes eléctricas, pero si se desea mayor precisión, se puede trabajar con "fasores", que son magnitudes eléctricas expresadas por medio de vectores en el plano, con su módulo y su ángulo:

$$\bar{I}_R = \bar{I}_{OR} = \frac{\bar{U}_{OR}}{\bar{Z}_{OR}} = \frac{220 \angle 90^o}{5 \angle 53,13^o} = 44 \angle 36,87^o = 35,20 + j\,26,40 \quad \textbf{(4.30)}$$

$$\bar{I}_S = \bar{I}_{OS} = \frac{\bar{U}_{OS}}{\bar{Z}_{OS}} = \frac{220 \angle 330^o}{5 \angle 53,13^o} = 44 \angle 276,87^o = 5,26 - j\,43,68 \quad \textbf{(4.31)}$$

$$\bar{I}_T = \bar{I}_{OT} = \frac{\bar{U}_{OT}}{\bar{Z}_{OT}} = \frac{220 \angle 210^o}{5 \angle 53,13^o} = 44 \angle 156,87^o = -40,46 + j\,17,28 \quad \textbf{(4.32)}$$

Obsérvese que cada fasor (vector representativo de magnitudes eléctricas) se expresa por medio de su módulo y de su ángulo respecto al orígen de coordenadas, tal como se vé en la figura 4.20. Como las tres corrientes son iguales y desplazadas ángulos iguales, forman una figura cuya suma resulta nula, lo que debe cumplirse también analiticamente con las cantidades vectoriales, es decir:

$$\bar{I}_o = \bar{I}_R + \bar{I}_S + \bar{I}_T = (35,20 + 5,26 - 40,46) + j\,(26,40 - 43,68 + 17,28) = 0 \quad \textbf{(4.33)}$$

Efectivamente, en estos sistemas que tienen las tres fases completamente iguales, la corriente por el conductor *neutro* resulta nula.

Ejemplo resuelto 4.7.6 *(Ejemplo de Electrónica).*
Obra de consulta "Electronics Circuits" [41].

Datos: Se tiene un rectificador de los llamados *"de media onda"* con un circuito como el que se muestra en la figura 4.21. A la izquierda está la fuente de alimentación de corriente alterna, que produce una fuerza electromotriz dada por la función $e = 10\,sen\omega\,t$

Esta fuente tiene una resistencia interior de $R_i = 100\ \Omega$. El diodo rectificador D de la figura se comporta como una resistencia interior $R_{Dd} = 200\ \Omega$ cuando la corriente va de izquierda a derecha, es decir, cuando rectifica y deja pasar la corriente.
Cuando la polaridad se invierte su resistencia interior pasa a ser $R_{Di} = 200\,000\ \Omega = 200\ k\Omega$. Existe en los bornes una resistencia de carga $R_L = 10\,000\ \Omega = 10\ k\Omega$.

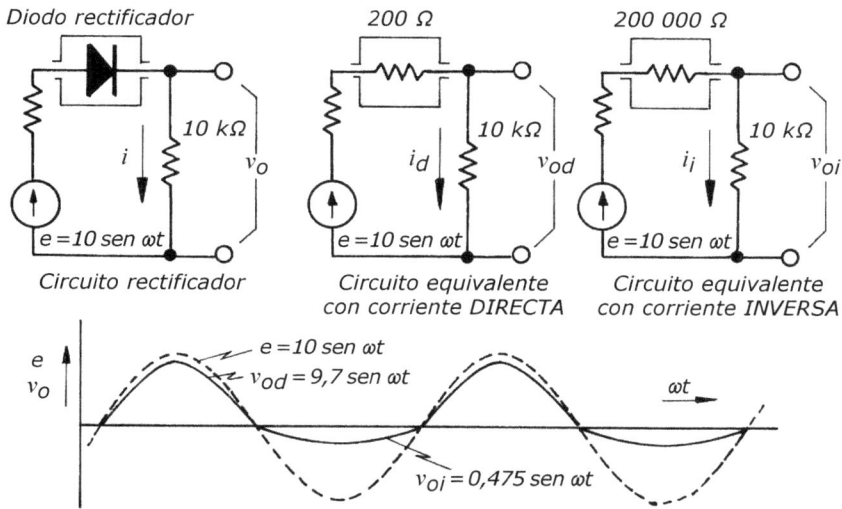

Fig. 4.21 *Circuito de un rectificador de media onda, con su señal de entrada y su señal de salida y sus circuitos equivalentes*

Se desea conocer la función de la tensión de salida v_o.

Solución: El circuito corresponde a un rectificador de *"media onda,* con una tensión de entrada y de salida, como se muestra también enla figura 4.21. Cuando la tensión de entrada pasa por su semiciclo de valores positivos, el rectificador *R* facilita el paso de la corriente y el circuito presenta la *resistencia total directa*:

$$R_{td} = 100 \ \Omega + 200 \ \Omega + 10\ 000 \ \Omega = 10\ 300 \ \Omega \qquad \textbf{(4.34)}$$

Cuando la tensión de entrada pasa por el semiciclo de valores negativos, el rectificador *R* dificulta el paso de corriente y el circuito presenta una *resistencia total inversa*:

$$R_{ti} = 100 \ \Omega + 200\ 000 \ \Omega + 10\ 000 \ \Omega = 210\ 100 \ \Omega \quad \textbf{(4.35)}$$

Las *señales de salida* en ambos semiciclos han de ser:

$$Cuando \ 10 \ sen\omega \, t \geq 0$$
$$i = (10 \ sen\omega \, t) \ / \ 10\ 300 \ Amper \qquad \textbf{(4.36)}$$
$$v_o = 10\ 000 \ i = 9,7 \ sen\omega \, t$$

$$Cuando\ 10\ sen\ \omega\ t \leq 0$$

$$i = (10\ sen\ \omega\ t\ ) / 210\ 100\ Amper \qquad \textbf{(4.37)}$$

$$v_o = 10\ 000\ i = 0,475\ sen\ \omega\ t$$

Ejemplo resuelto 4.7.7 *(Ejemplo de Control automático).*
Obra de consulta "Circuits, devices and systems" [42].

Datos: En la figura 4.22 se tenemos un clásico circuito de control automático, con sistema de realimentación (*"Feedback"*). Se trata de 3 amplificadores (3 etapas) idénticos que tienen una ganancia *G = −100* cada uno. El signo negativo es solo una convención con referencia a los sentidos de corrientes en los transistores, polarizados por medio de emisor común y no debe preocupar en este problema. Por medio de un circuito de realimentación adecuado, inyecta en la entrada una tensión de *H =0,01* de la tensión de salida que recoge. Calcular la ganacia del sistema con y sin realimentación.

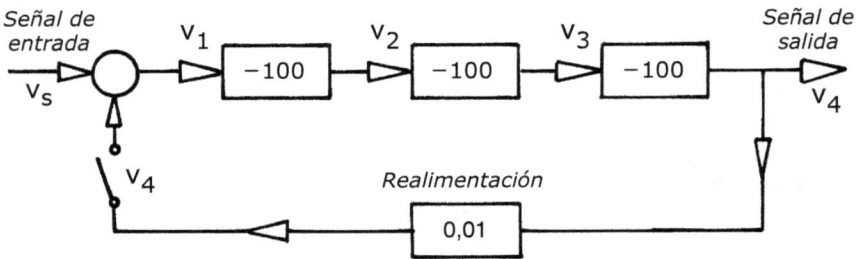

Fig. 4.22 Circuito realimentado de control automático

Solución: La tensión a la salida V_4 en función de la tensión de entrada V_1 del amplificador en tres etapas se calcula simplemente:

$$V_1 = (-100)\,V_3 = (-100)^2\,V_2 = (-100)^3\,V_1$$

$$G = \frac{V_4}{V_1} = -10^6 \qquad \textbf{(4.38)}$$

Con el interruptor *S* cerrado, tenemos realimentación y es necesario aplicar la fórmula general de la teoría de para ese tipo de sistema, que es la siguiente:

$$G_r = \frac{G}{1 - GH} = \frac{-10^6}{1 - (-10^6)(0,01)} = -\frac{10^6}{1 + 10^4} \cong -100 \qquad \textbf{(4.39)}$$

Se observa en este ejemplo, como una amplificación de *10⁶* en *valores absolutos*, se convierte en una amplificación de *10²* por efectos de la realimentación Esta forma de encarar un *sistema* tiene gran cantidad de aplicaciones en casi todas las ramas de la ingeniería.

Ejemplo resuelto 4.7.8 *(Ejemplo de Materiales).*
Obra de consulta "Metalurgia" [43].

Datos: Preparar una tabla sintética, en que se puedan apreciar las diversas calidades de aceros y sus principales propiedades y usos, para empleo por el personal de talleres.

Solución: Consultando diversos manuales, se puede componer la siguiente tabla.

Tabla 4.8 Cualidades y usos de diversos aceros

Nombre	Porciento de carbono	Algunas propiedades y aplicaciones
Acero corriente	0,1 a 0,25 %	Metal blando para remaches y planchas
Acero corriente	0,3 a 0,6 %	Metal duro para rieles, piezas forjadas
Acero corriente	0,4 a 0,5 %	Llantas y piezas moldeables
Acero corriente	0,5 a 0,6 %	Alambre duro, cables, resortes
Acero para estampas	0,75 %	Tenaz, capaz de resistir fuertes presiones y muy fácilmente soldable. Usado para matrices de estampar, hachas y herramientas de cepillar
Acero para troqueles	0,825 %	Duro, capaz de resistir choques repentinos y fuertes golpes. Se usa para troqueles en frío, cuños de monedas y herramientas de fragua. Fácilmente soldable
Acero de buriles	1,0 %	Se forja con facilidad. Duro hasta después de revenido y suficientemente tenaz para resistir golpes. Es soldable. Se usa para cortafríos, barrenas, grandes punzones
Acero de punzones	1,125 %	Es un metal duro de grano fino. Admite y conserva muy bien un borde cortante. Es difícil de trabajar, pero se puede soldar con mucha precaución. Se usa para herramientas cortantes circulares, escariadores, grandes herramientas de torno, taladros

Tabla 4.8 (Continuación)		
Nombre	**Porciento de carbono**	**Algunas propiedades y aplicaciones**
Acero para herramientas de torno y acero para pequeñas herramientas	1,25 a 1,375%	No se puede soldar y debe tratarse cuidadosamente en forja, temple y revenido. Se emplea generalmente para herramientas de torno, de cepillo y de mortajar, taladros, pequeñas herramientas cortantes, limas para sierras
Acero para navajas	1,5 % y más	Esta clase de acero no puede emplearse para ningún objeto que deba sufrir repentinas variaciones de presión. Todo recalentamiento lo deteriora. Se emplea para navajas, instrumentos quirúrgicos, pequeñas herramientas
Aceros rápidos	0,5 a 0,7 %	Contienen cromo del 2,5 al 4,5 %; tungsteno del 9,0 al 18,0 %; también molibdeno y otros elementos. Templan por sí solos. Se emplean para matrices.

4.8   Ejercicios propuestos

Ejercicio propuesto 4.8.1

Obtenga los planes de estudios para ingeniería de 3 o más universidades y haga un estudio comparativo para una misma carrera. Trate de hacer un informe de no más de media página sobre la comparación efectuada.

Ejercicio propuesto 4.8.2

De las tres ciencias fisicomatemáticas para ingeniería, matemática, física y química, procure hacer un análisis de sus experiencias en la escuela preuniversitaria y colóquelas en orden de dificultad para sus estudios.

Ejercicio propuesto 4.8.3

Trate de responder a las siguientes preguntas:
a) ¿En que unidad se mide $sen\alpha$?.
b) ¿Qué diferencia hay entre un número real y uno imaginario?.
c) ¿Se acuerda como se suman dos vectores?.
d) Despeje la variable y de la siguiente ecuación,

$$x = \frac{\sqrt[3]{y}}{4}$$

Ejercicio propuesto 4.8.4

Cuando se abre una puerta con la mano, procure responder las siguientes preguntas: ¿Que está aplicando con la mano, una fuerza, una cupla o las dos cosas?.

¿Porque la fuerza es menor si empujamos la puerta por el borde que si la empujamos cerca del eje de giro?

Ejercicio propuesto 4.8.5

Cuando se observa la combustión del petróleo: ¿Que fenómeno químico se está presenciando?

Ejercicio propuesto 4.8.6

Observando la lista de las ciencias de la ingeniería, ¿con cual se siente más identificado y porqué?. Después saque conclusiones sobre su preparación preuniversitaria.

Ejercicio propuesto 4.8.7

Tome el ejemplo resuelto 4.6.1 y trate de resolverlo agregando una carga más donde mejor le parezca.

Ejercicio propuesto 4.8.8

Estudiando el ejemplo resuelto 4.6.2, procure hacer un informe de un tercio de página, explicando que es lo que ocurre y porque tarda tanto en detenerse el sistema rotante.

Ejercicio propuesto 4.8.9

Estudiando el ejemplo resuelto 4.6.3 explique mediante un informe de media página, porque se necesita refrigerar con agua el motor de un automóvil

Ejercicio propuesto 4.8.10

Estudiando el ejemplo resuelto 4.6.4 suponga que en vez de transportar fuel-oil por el conducto se transporta aire. ¿La potencia necesaria será menor o mayor y porque?.

Ejercicio propuesto 4.8.11

Estudiando el ejemplo resuelto 4.6.5 tratar de explicar lo que pasaría si solo existiese la impedancia $\overline{Z}_{OR}$.

Ejercicio propuesto 4.8.12

Estudiando el ejemplo resuelto 4.6.6 tratar de explicar que pasaría si el rectificador fuese perfecto, es decir, su resistencia fuese de valor infinito al paso de la corriente inversa, es decir, $R_{Di} = \infty$.

Ejercicio propuesto 4.8.13

Una plancha hogareña de planchar ropa, se conecta y desconecta automáticamente para mantener constante su temperatura y no dañar la ropa. ¿Considera que se trata de un sistema de control automático?. ¿Cómo imagina que es la función de retroalimentación en ese caso?.

Ejercicio propuesto 4.8.14

De la lista de asignaturas profesionales de la tabla 4.5, tome cinco de ellas de su mayor preferencia, y colóquelas en orden de interés. Saque sus propias conclusiones.

Ejercicio propuesto 4.8.15

De la lista de asignaturas de frontera de la tabla 4.6, tome cinco de ellas de su mayor preferencia y colóquelas en orden de interés. Saque sus propias conclusiones.

Lámina 5 *Planta industrial SIDERAR, línea Blaking*
Techint Argentina S.A. Buenos Aires, Argentina

CAPITULO 5

LAS INGENIERIAS MAS CONSOLIDADAS

Resúmen

En este capítulo se comenta la diversidad de títulos de ingeniero y se hace un comentario sobre las ingenierías más consolidadas, que dan orígen a diversos títulos habilitantes corrientes. En cada una se describe su principal contenido y las obras, componentes o instalaciones que le son propias.

5.1. Títulos, especialidades y orientaciones

Existe en este momento en Argentina -y en el mundo también- una gran cantidad de diplomas de ingeniero, a consecuencia de la rapidez del cambio tecnológico que ocurrió a partir de la primera revolución industrial, a fines del siglo diez y nueve. Pero también a consecuencia de ese cambio tecnológico, las fronteras entre unas y otras están variando constantemente. A causa de esta gran cantidad, no es posible afirmar en la actualidad donde finaliza exactamente una ingeniería y comienza la otra. Las fronteras se tornan cada vez más borrosas. Por ello, al escribir estas líneas, estamos atravesando un período de dudas sobre cuales deben ser las ingenierías que se deben consolidar y cuales deben ser abandonadas progresivamente.

En la tabla que sigue se anotan las diversas denominaciones que van agregadas al título de **ingeniero**, formando las denominaciones que figuran en los diplomas que se entregan. La lista aumenta continuamente con nuevas creaciones. Diversas instituciones de Argentina están preocupadas estudiando esta lista, como por ejemplo, el Centro Argentino de Ingenieros y el Consejo Profesional de Ingeniería Industrial, mediante un trabajo que ha elaborado el ingeniero Ernesto Bendiger.

Tabla 5.1 Títulos de ingeniero en Argentina

Universidades nacionales, privadas y provinciales

(No se incluyen los títulos de ingeniero en las áreas de agronomía)

Fuentes de información:

- Base: *"Guía de Ingenierías y Carreras de Computación"*, con datos de1997.
  Ediciones GE Guías de Estudio. Editor responsable Lic. Juan Lázara.
- Complemento: Datos extraídos de folletos de algunas universidades, actualizados a 2000.

TABLA DE DIPLOMAS DE INGENIERO

Faltan algunos títulos de grado todavía no oficializados, los títulos intermedios y las licenciaturas. No se incluyen los posgrados, como tampoco los títulos que emplean el vocablo *"ingeniería"* en forma errónea.

Area Bioingeniería	*Area Comunicaciones*	*Area Electricidad* y
Bioingeniería	Comunicaciones	*Electrónica*
Biomédica	Telecomunicaciones	Electrónico
Física Médica		Electromecánico
Ambiental	*Area Civil*	Electricista
Seguridad Ambiental	Civil	Electrónica Naval
	Construcciones	Eléctrico
Area Computación e	Materiales	Electrónica y
Informática	Vías de Comunicación	Electricidad
Informática		Electricista Electrónico
Computación		Electrónico Electricista
Sistemas	*Area Energía*	
Sistemas de	Petróleo	
Información	Energía	*Area Hidrología*
	Procesamiento de	Hidráulico
Area Industrial	Hidrocarburos	Recursos Hídricos
Industrial	Nuclear	
Organización de	Recursos Naturales	*Area Mecánica*
Empresas	Renovables	Mecánico
Textil		Máquinas Navales
Pesquera		Automación y Control
Azucarero	*Area Minería,*	Industrial
	Metalurgia y	Mecánico Aeronáutico
Area Naval	*Geografía*	Mecánico Electricista
y *Aeronáutica*	Geográfico	
Naval y Mecánico	Metalúrgico	
Máquinas Navales	Minas	*Area Química*
Naval	Minería	Químico
Aeronáutico	Geodesia y Geográfico	Química Industrial

Algunos de estos títulos se debieron a situaciones industriales que, con la globalización, han perdido la intensidad de otras épocas, como el caso de las ingenierías textil y naval en Argentina. La ingeniería nuclear es también otro ejemplo de merma de interesados. Muchos de los títulos de la tabla 5.1 son de escasa dimensión en cuanto a cantidad de alumnos cursando y responden a necesidades locales de poca dimensión.

En materia de racionalización de títulos en Argentina, puede consultarse el trabajo titulado ***"Unificación Curricular en la Enseñanza de las Ingenierías en la República Argentina"***, estudio que se conoce abreviadamente como "Libro Azul". Ha sido preparado por el CONFEDI (Consejo Federal de Decanos de Ingeniería), con la colaboración del Instituto de Cooperación Iberoamericana (ICI) de España.

En el tratamiento particularizado que haremos en acápites siguientes, tenemos que considerar que cada ingeniería que se describirá, tiene una forma de ejercicio parecida. En cada una de ellas es posible ***distinguir áreas de acción preferentes***, como las que se mencionan enseguida.

TRABAJOS QUE REALIZAN LOS INGENIEROS EN TODAS LAS ESPECIALIDADES

Operar y controlar
Mantener y conservar
Planificar y organizar
Prevenir y predecir
Dimensionar y proyectar
Construir y fabricar
Instalar y montar
Gestionar y administrar
Concretar y evaluar
Asesorar y peritar
Investigar e Innovar
Medir y ensayar
Comercializar y contratar

En cualquier área -como hemos explicado en Capítulos 1 y 2- el ingeniero tiene hoy en día un protagonismo mucho más amplio que veinte años atrás. Por ello, si bien en las descripciones particulares habremos de citar obras, componentes y sistemas concretos, todos ellos tienen la posibilidad de contener uno o más de los puntos de la lista de mas arriba.

Además, el ingeniero moderno tiene tendencia a cambiar de especialidad u orientación en su trayectoria profesional, por lo que las carreras que se describirán, no tienen una solidez absoluta.

Debemos remarcar muy especialmente que al tratar en los acápites que siguen con las diversas ingeniería más consolidadas, **no estamos fijando límites rígidos**. Ninguna de las ingenierías actuales tiene -como ya hemos dicho- fronteras totalmente nítidas.

5.2   Ingeniería civil

Por muchos es considerada como la mas antigua, porque al tratar de la construcción en general de viviendas, caminos, canales, acueductos y puertos, se corresponde con la historia de la humanidad. La denominación *ingeniería civil* nació como contraposición con la denominación *ingeniería militar*. A los oficiales de los ejércitos y armadas de la antigüedad se los llamó *ingenieros* porque estaban encargados de idear, construir y operar en el combate, los llamados *"ingenios de guerra"*, que eran las torres de ataque, las catapultas, los puentes de pontones para cruzar ríos y las armas en general. Por usos y costumbres, a esos oficiales se acostumbró a llamarlos *ingenieros*, aunque profesionalmente son muy distintos a los ingenieros de la vida civil en sus diversas especialidades actuales, como mas arriba hemos relatado. Unos tienen por objetivo la guerra y otros la vida en paz. Pero cuando se debieron ejecutar tareas similares a las tareas militares, pero en la vida civil, por analogía a éstos profesionales se los llamó *ingenieros civiles*.

La enseñanza de la ingeniería civil se inició en Argentina en 1870 con el primer graduado en la Universidad de Buenos Aires. Tomó mucho prestigio a lo largo de su historia, habiendo sido los ingenieros civiles protagonistas del proyecto y construcción de grandes obras. En una primera etapa fue una ingeniería de espectro total, comprendiendo prácticamente a todas las especialidades, pero con preponderancia en las construcciones.

Actualmente los ingenieros civiles argentinos actúan preferentemente en las empresas constructoras de todo tipo, en las empresas ferroviarias y de transportes y en empresas de servicios públicos de agua y gas. También en entes estatales de diverso tipo.

Tabla 5.2 Areas propias de la ingeniería civil

- Edificios para viviendas, oficinas y comercio
- Estructuras portantes en general
- Fundaciones y estudios de suelos de todo tipo
- Aeropuertos y sus sistemas auxiliares
- Puertos marítimos y fluviales
- Puentes
- Infraestructura de ferrocarriles
- Túneles
- Obras viales, caminos y autopistas
- Edificios industriales y públicos
- Obras sanitarias de agua potable y desagües

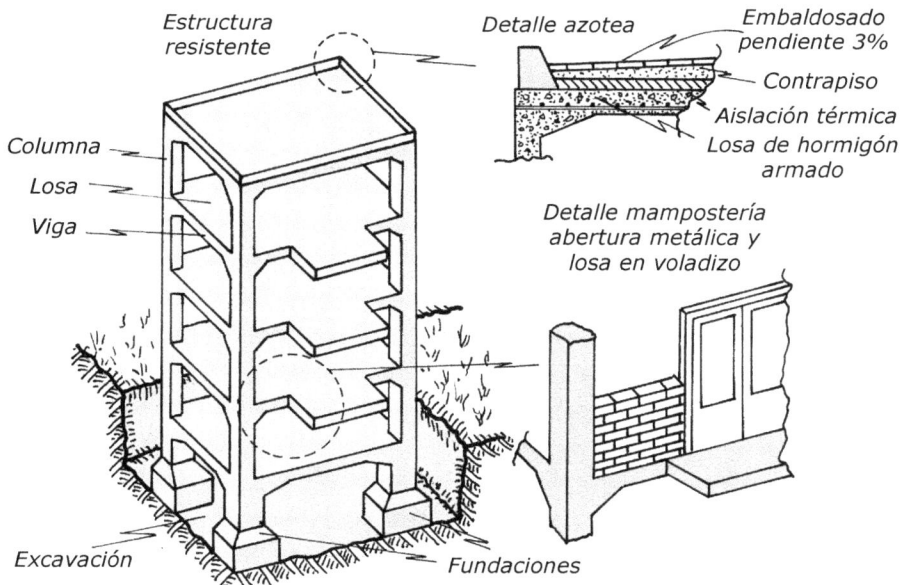

Fig. 5.1 Ingeniería civil. Estructura portante de un edificio

5.3 Ingeniería industrial

La enseñanza de la ingeniería industrial en Argentina comenzó en 1918 en la Universidad de Buenos Aires y los primeros graduados salieron en 1922. Hoy está muy extendida.

Originalmente el ingeniero industrial era un profesional capacitado para el proyecto, dimensionado, construcción y operación de plantas industriales y de sus componentes particulares. El puesto típico de trabajo estaba junto a la línea de producción o en la oficina de proyectos de conjuntos o componentes.

Posteriormente -y hoy se avanza en esa tendencia- el ingeniero industrial argentino decayó algo en lo referente al proyecto y construcción del equipamiento industrial y avanzó en los temas de la gestión, administración y gerenciamiento empresario.

Actualmente las funciones de ingeniero industrial en Argentina están evolucionando y nos encontramos en un proceso de cambio. Su presencia se observa en todo tipo de industria, pero también en bancos, compañías de seguros y otras funciones semejantes. También en entes estatales de diverso tipo.

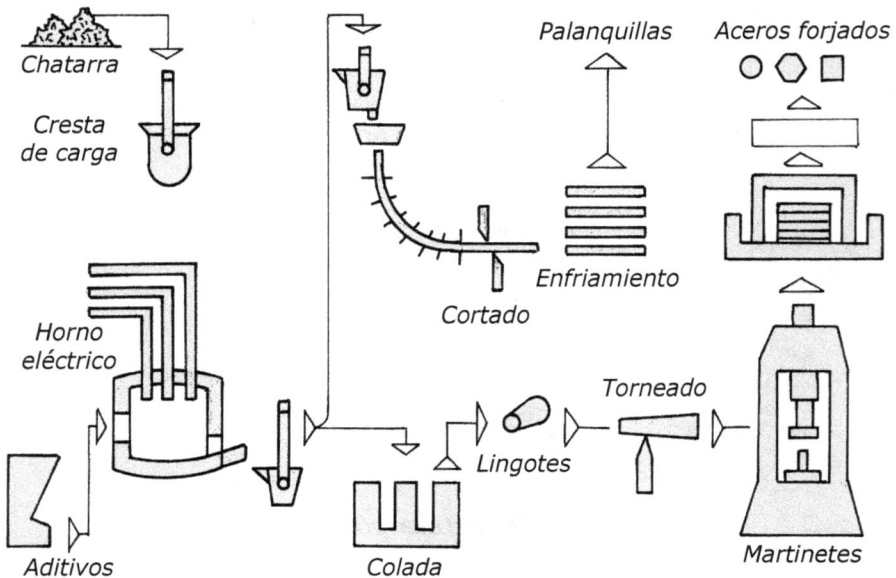

*Fig. 5.2 Ingeniería Industrial. Procesos de acero,
colada continua y forja*

Tabla 5.3 Areas propias de la ingeniería industrial

- Planeamiento de la producción de bienes
- Planeamiento de la producción de servicios
- Manufactura y explotación industrial
- Minería
- Diseño industrial
- Administración empresaria
- Control de calidad
- Mantenimiento industrial
- Seguridad industrial
- Control de gestión
- Diseño de plantas

5.4 Ingeniería mecánica

La enseñanza de la ingeniería mecánica nació en Argentina en la Universidad de Buenos Aires en la década de los años veinte, pero no prosperó al principio y desapareció momentáneamente. Volvió a renacer después de la segunda guerra mundial. Para ese entonces se expandió mucho después de 1953, teniendo la Universidad Tecnológica Nacional un papel preponderante.

Por su misma naturaleza estuvo y está presente dentro de otras ingenierías. Además, el gran desarrollo de la red de ferrocarriles en Argentina al principio de este siglo, hizo que la ingeniería mecánica contase con importantes muestras, aunque sin alcanzar su enseñanza a las universidades un título particular hasta la mitad de siglo.

Tabla 5.4 Areas propias de la ingeniería mecánica

- Calderas e instalaciones de vapor
- Instalaciones y máquinas frigoríficas
- Instalaciones y máquinas de aire acondicionado
- Instalaciones y máquinas de calefacción
- Máquinas motrices rotativas (Turbinas)
- Máquinas motrices alternativas (Motores diesel y ciclo Otto)
- Máquinas para trabajar metales
- Máquinas para trabajar maderas
- Maquinarias automáticas de uso industrial
- Grúas, ascensores, escaleras mecánicas y elevadores
- Talleres metalúrgicos e industrias metal-mecánicas

Ciclo térmico de vapor para turbina

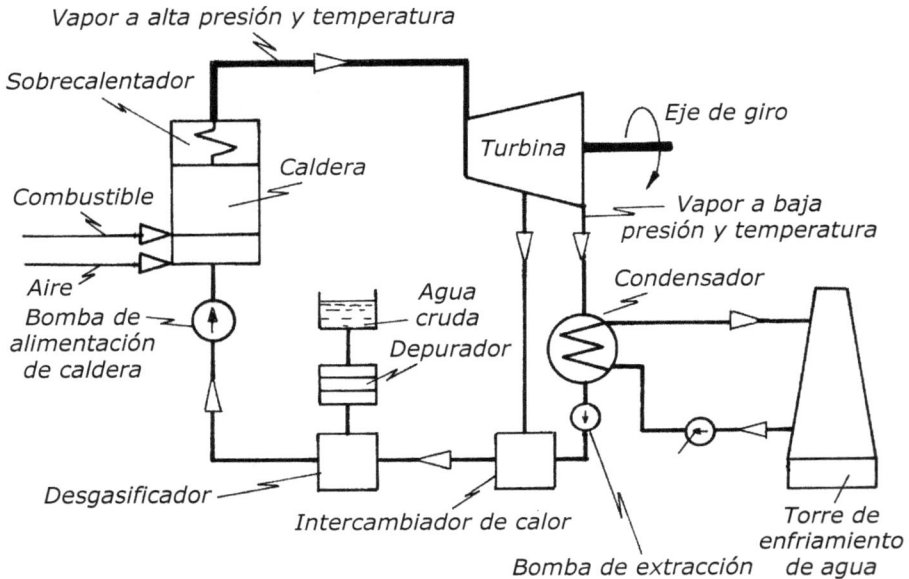

Fig. 5.3 Ingeniería Mecánica. Ciclo de vapor de una turbina

Actualmente las funciones de un ingeniero mecánico en Argentina están muy expandidas en las empresas de producción de bienes, talleres metalúrgicos y también en las empresas de servicios públicos. También en entes estatales de diverso tipo.

5.5 Ingeniería eléctrica

La enseñanza de la ingeniería eléctrica se inició en la Universidad Nacional de La Plata en el año 1911, pero se consolida en 1926 con la intervención del doctor alemán Conrado Simons y alcanza gran desarrollo y prestigio con la presencia del ingeniero Miguel Simonoff, que organizó en el país los estudios tomando como modelo la escuela europea más avanzada de su época. La carrera se agrupó con la ingeniería mecánica, en lo que fue por largos años la carrera de ingeniería electromecánica. Los discípulos del ingeniero Simonoff sobresalieron en generación, transporte, distribución y utilización de la energía eléctrica. Se expandieron por el país y crearon las carreras de ingeniería eléctrica en otras universidades.

Esquema eléctrico de una central
generadora con 3 salidas

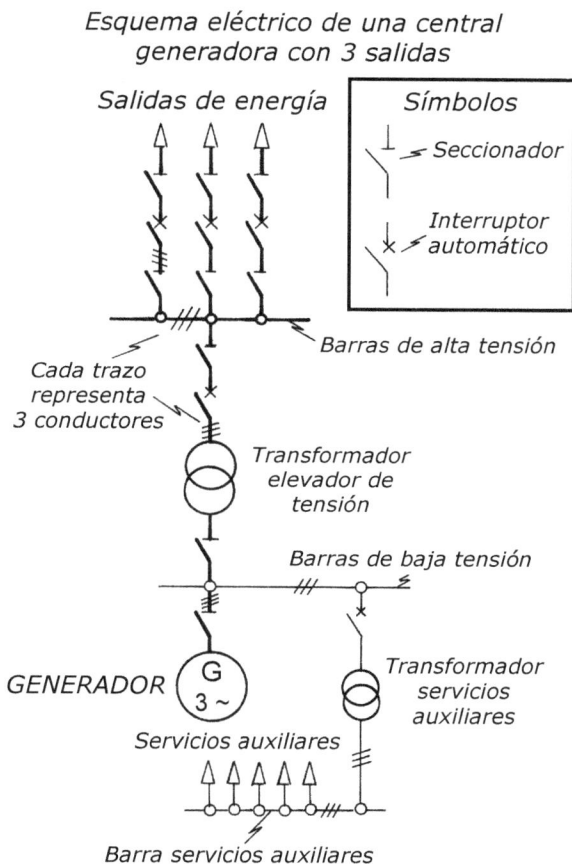

Fig. 5.4 Ingeniería Eléctrica. Esquema eléctrico
de una central generadora

Tabla 5.5 Areas propias de la ingeniería eléctrica

- Centrales de generación de energía eléctrica
- Estaciones eléctricas de transformación
- Instalaciones eléctricas domiciliarias e industriales
- Sistemas eléctricos de transmisión de la energía en gran escala
- Líneas eléctricas para distribución de la energía
- Generadores, motores y transformadores eléctricos
- Luminotecnia
- Instalaciones de fuerza motriz
- Generación de energía no convencional

Actualmente los ingenieros electricistas argentinos actúan en la industria en general, en transportes electrificados y muy preferentemente, en las empresas de servicios eléctricos, de agua potable y de gas. También en los entes estatales de diverso tipo.

5.6 Ingeniería electrónica

La enseñanza de la ingeniería electrónica comienza solo como una orientación de la carrera de ingeniería electromecánica, en 1943 en la Universidad Nacional de La Plata. Más tarde, como ingeniería en telecomunicaciones en la Universidad Nacional de Buenos Aires con los primeros graduados en 1950. Mas tarde se le cambia el nombre por de ingeniería electrónica y su enseñanza se expande por todo el país.

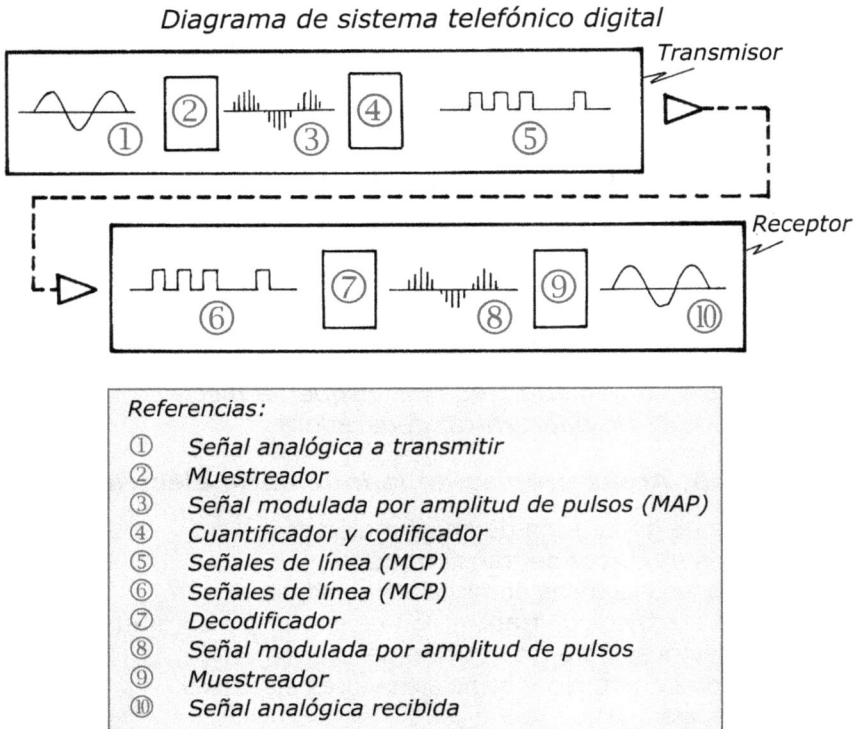

Diagrama de sistema telefónico digital

Referencias:

① Señal analógica a transmitir
② Muestreador
③ Señal modulada por amplitud de pulsos (MAP)
④ Cuantificador y codificador
⑤ Señales de línea (MCP)
⑥ Señales de línea (MCP)
⑦ Decodificador
⑧ Señal modulada por amplitud de pulsos
⑨ Muestreador
⑩ Señal analógica recibida

Fig. 5.5 Ingeniería Electrónica. Sistemas telefónicos digitales

Actualmente los ingenieros electrónicos se hacen presentes en las empresas de comunicaciones de todo tipo, particularmente las telefónicas y en las industrias que cuentan con diversos sistemas electrónicos de control y mando. El campo de la informática y la computación son también áreas en expansión. También en entes estatales de diverso tipo.

Tabla 5.6 *Areas propias de la ingeniería electrónica*

- Telefonía clásica
- Control automático
- Microprocesadores
- Sistemas de fibra óptica
- Sistemas satelitales
- Telefonía celular
- Sistemas informáticos
- Tratamiento de las señales
- Tratamiento de la imagen y televisión
- Sistemas de control automático
- Sistemas digitales
- Electrónica de potencia

5.7 Ingeniería hidráulica

La enseñanza de la ingeniería hidráulica comienza en la Universidad Nacional de La Plata en 1911, compartiendo con la ingeniería civil el nombre del título entregado. Más tarde, en esa misma universidad toma estructura más independiente y finalmente se expande por el país. En la Universidad de Buenos Aires se cultivó como una orientación de la ingeniería civil.

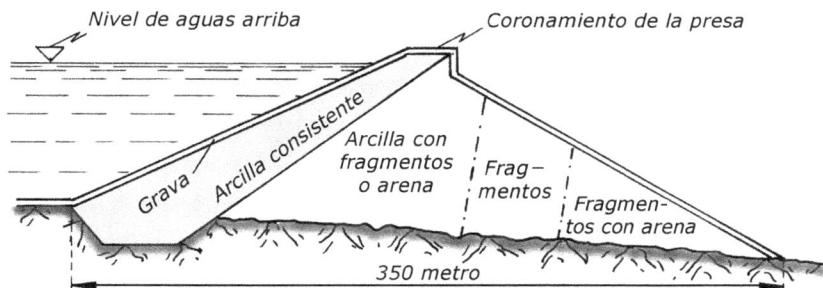

Fig. 5.6 Ingeniería Hidráulica. Presa de embalse

En la actualidad, los ingenieros hidráulicos argentinos se desempeñan principalmente en las empresas que explotan las centrales hidroeléctricas y en las empresas de proyectos hidráulicos de diverso tipo. También en las empresas de servicios de agua potable y en entes estatales de diversos tipo.

Tabla 5.7 Areas propias de la ingeniería hidráulica

- Sistemas portuarios
- Construcción de canales
- Sistemas de riego
- Centrales hidroeléctricas
- Dragados
- Sistemas de agua potable y desagües
- Sistemas de captación de aguas
- Estaciones de bombeo
- Represas y embalses
- Navegación fluvial

5.8 Ingeniería química

La enseñanza de la ingeniería química en Argentina comenzó en la Universidad Nacional del Litoral en 1919, y quedó en ese ámbito académico por muchos años. Luego la Universidad Tecnológica Nacional la implantó y finalmente se expandió, principalmente a mediados del siglo 20.

Tabla 5.8 Areas propias de la ingeniería química

- Obras sanitarias
- Industria textil
- Refinerías de petróleo
- Explotación petrolera
- Industrias del plástico
- Petroquímica
- Siderurgia
- Industria farmacéutica
- Minería
- Industrias del gas
- Industrias de la alimentación
- Industrias metalúrgicas

En la actualidad los ingenieros químicos argentinos actúan en muy diversas industrias, pero las empresas petroleras son un buen campo de ejercicio profesional. Las industrias metalúrgicas y del plástico ofrecen posibilidades. El campo de actuación no es enteramente nítido, ya que los licenciados y doctores en química y en bioquímica, comparten posiciones de frontera.

Unidad de proceso de desulfuración

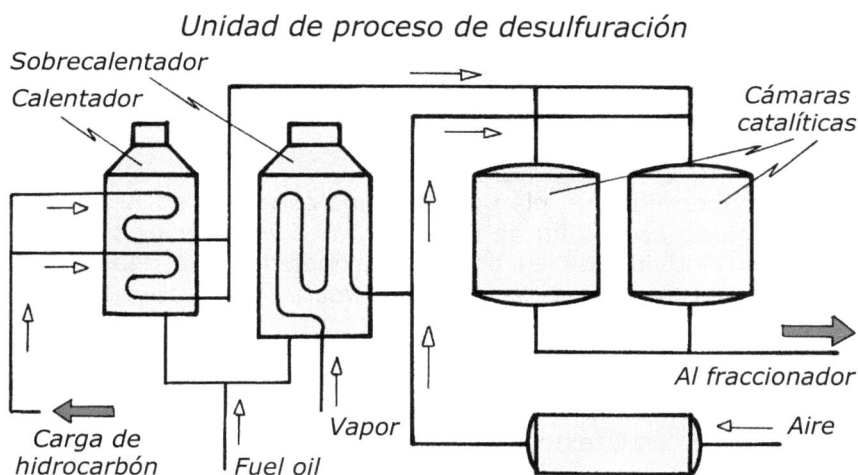

Fig. 5.7 Ingeniería Química. Unidad de proceso químico

5.9 Otras ingenierías

Las que terminamos de exponer son las ramas de la ingeniería más consolidadas y antiguas de Argentina, pero como vimos en la tabla 5.1 las existentes son muchas más, con las acotaciones que ya se han hecho en ese acápite.

La situación internacional está produciendo cambios tan importantes, que resulta inoportuno, al momento de escribir estas líneas, predecir la suerte que habrán de correr en un futuro próximo, algunas de las ingenierías existentes, en Argentina y en el mundo también. Es probable que algunas deban lentamente desaparecer o fusionarse entre sí, para responder a la realidad cambiante. En Argentina se está produciendo un movimiento en el sentido de examinar la situación existente, debido a dos razones: la cantidad de la tabla 5.1 parece algo alta y la especialización inicial dificulta el ingreso al mundo del trabajo de los jóvenes graduados. Por otro lado, la velocidad del cambio tecnológico no garantiza la permanencia de algunas de las especialidades.

Modificaciones tan sustanciales demandará tiempo, aunque se observan movimientos en ese sentido.

5.10   Ejemplos resueltos

Ejemplo resuelto 5.10.1
(Ejemplo de plan de estudios en vigencia)

Datos: Examinar un plan de estudios corriente en Argentina para la ingeniería civil, a fin de observar las diversas cargas horarias y las correlatividades, es decir, las exigencias que debe cumplir cada asignatura a fin de poder ser cursada.

Solución: Valiéndonos de la publicación "Facultad de Ingeniería" de la Universidad de Belgrano (Universidad Privada Argentina), año 1997, construimos la tabla 5.9. Este plan de estudios fue diseñado por el autor de este texto, cuando era decano de esa institución.

Tabla 5.9 Plan de estudios para ingeniería civil

1° Año				
Cód.	*Materia*	*Horas semanales*	*Correlativa*	*Duración*
001	Algebra y cálculo numérico	6	-	Anual
002	Análisis matemático 1	6	-	Anual
003	Física 1	6	-	Anual
004	Geometría analítica y descriptiva	4	-	Anual
005	Medios de representación	3	-	Anual
006	Practica Profesional 1	3	-	Anual
-	Optativa de formación general (*)	2	-	Cuatrimestral

(*) *Optativa de formación general*
Debe elegirse una asignatura por cuatrimestre:

1° *Cuatrimestre*

901   Cultura deportiva I
911   Historia argentina contemporánea
912   Técnicas de la expresión oral y escrita
913   Literatura argentina contemporánea

2º Cuatrimestre

902	Cultura deportiva II
914	Sociología general
915	Teoría de la comunicación humana
916	Arte argentino contemporáneo

2° Año				
Cód.	Materia	Horas semanales	Correlativa	Duración
007	Física 2	6	003	Anual
008	Química 2	6	-	Anual
009	Estabilidad 1	6	003	Anual
010	Análisis matemático 2	8	002	Cuatrimestre 1
011	Mecánica técnica	6	003	Cuatrimestre 2
012	Práctica profesional 2	3	006	Anual
-	Optativa de formación general (*)	2	-	Cuatrimestral

(*) *Optativa de formación general*
Debe elegirse una asignatura por cuatrimestre:

1° Cuatrimestre

921	Filosofía
922	Economía
923	Creatividad e innovación

2º Cuatrimestre

924	Sistema político argentino
925	Integración económica
926	Historia de la ciencia y la técnica

3° Año				
Cód.	Materia	Horas semanales	Correlativa	Duración
013	Electrónica y dispositivos	6	007	Cuatrimestre 2
014	Electrotecnia y máquinas	6	007	Anual
015	Termotecnia y máquinas	6	007	Anual
016	Fluidotecnia y máquinas	8	007	Anual
017	Complementos de matemática	6	010	Cuatrimestre 1
018	Práctica profesional 3	3	012	Anual
-	Optativa de formación general (*)	2	-	Cuatrimestral
-	Optativa de formación específica (**)	3	-	Cuatrimestral

(*) *Optativa de formación general*
(**) *Optativa de formación específica*

Debe elegirse una asignatura por cuatrimestre:

1° Cuatrimestre

931	Etica (*)
932	Psicología social (*)
933	Metodología de la investigación (*)
937	Estática y resistencia de materiales (**)

2° Cuatrimestre

934	Movimientos sociales y políticos del siglo XX (*)
935	Ecología (*)
936	Política internacional contemporánea (*)
938	Estática y resistencia de materiales (**)

4° Año				
Cód.	Materia	Horas semanales	Correlativa	Duración
130	Estabilidad 2	6	009/937/938	Anual
131	Mecánica de suelos y fundaciones	6	007	Anual
015	Teoría de las estructuras	6	009	Anual
016	Diseño arquitectónico	8	009/937/938	Anual
017	Materiales y ensayos	6	008	Anual
018	Habilitación profesional 1	3	018	Anual
-	Optativa de formación general (*)	2	-	Cuatrimestral

(*) *Optativa de formación general*

Debe elegirse una asignatura por cuatrimestre:

1° Cuatrimestre

941	Psicología de las organizaciones (*)
942	Análisis político-social mundial (*)
943	Técnicas de la negociación (*)

2° Cuatrimestre

944	Resolución de problemas y toma de decisiones (*)
945	Calidad total (*)
946	Medios de comunicación y opinión pública (*)

5° Año				
Cód.	Materia	Horas semanales	Correlativa	Duración
132	Construcciones	6	130	Anual
137	Construcciones de hormigón armado	6	134	Anual

5° Año *(continuación)*			
138	Construcciones metálicas	6	134	Anual
139	Habilitación profesional 2	4	135	Anual
-	Optativa formación específica (**)	3	-	Cuatrimestral
-	Optativa formación general (*)	2	-	Cuatrimestral

(*) *Optativa de formación general*

Debe elegirse una asignatura por cuatrimestre:

1° Cuatrimestre

951 Seguridad en el trabajo (*)
952 Historia del pensamiento científico (*)
953 Principios y tendencias de la economía mundial (*)

2° Cuatrimestre

954 Comprensión e influencia del arte (*)
955 Aspectos legales la ingeniería (*)
956 Psicología laboral (*)

(**) *Optativa de formación específica*

Grupo 1

140 Hidráulica (**)
141 Vías de comunicación y transporte (**)

Grupo 2

142 Ingeniería ambiental (**)
143 Topografía y geodesia (**)

Ejemplo resuelto 5.10.2

(Ejemplo de sistema de cuarto nivel académico)

Datos: Sobre la base de documentos universitarios, examinar un plan de estudios de cuarto nivel académico para poder apreciar la organización de este tipo de estudio en una escuela de ingenieros.

Solución: Tomamos como referencia la publicación "Cursos 1998" de la Facultad de Ingeniería de la Universidad de Buenos Aires.

Tabla 5.10 Estudios de posgrado en la Universidad de Buenos Aires, Facultad de Ingeniería

Cursos del doctorado	
Dinámica del sistema arterial Mecánica computacional II "A" Mecánica computacional II "B" Fenómenos de transporte. Bases fisicoquímicas Sistemas desordenados Física y tecnología de dispositivos Procesos irreversibles en termodinámica Control en la industria de procesos químicos Simulación de reservorios de petróleo y gas	Modelización numérica en la fisuración del hormigón Modelos y sistemas II Caracterización geoestadística de reservorios Propiedades mecánicas de materiales Introducción al análisis wavelets Identificación determinística de peor caso de sistemas
Cursos de maestría en simulación numérica y control	
Simulación de sistemas de control Control digital Control de potencia Modelos y sistemas II Control no lineal	Simulación de VLSI Introducción al modelado en fase gaseosa Sistemas complejos de la física computacional Control en la industria de procesos químicos
Carreras y cursos anuales y bianuales	
Cursos	
Telecomunicaciones Ingeniería de caminos Ingeniería de sistemas Organización y dirección empresaria Protección radiológica y seguridad nuclear	
Carreras de especialización	
Aplicaciones tecnológicas de la energía nuclear Diagnóstico y evaluación ambiental Higiene y seguridad del trabajo Ingeniería geodésica geofísica Ingeniería hidrográfica Ingeniería sanitaria y ambiental Explotación de yacimientos (Rama reservorios) Gas Petróleo	
Maestrías	
Simulación numérica y control Ingeniería en petróleo y gas natural Ingeniería sanitaria y ciencias del ambiente Protección ambiental	

5.11 Ejercicios propuestos

Ejercicio propuesto 5.11.1

Concurrir a cuatro universidades y solicitar los planes de estudio de una misma carrera. Luego hacer un estudio comparativo de las asignaturas y de las cargas horarias en cada caso. Procurar colocar todos los datos en una tabla comparativa.

Ejercicio propuesto 5.11.2

Producir un informe escrito de no más de una carilla, en donde se expliquen las razones por las cuales un joven podría elegir estudiar ingeniería civil en vez de arquitectura.

Ejercicio propuesto 5.11.3

Producir un informe escrito de no más de una carilla, en donde se explican las razones por las cuales un joven puede inclinarse por estudiar ingeniería electrónica en vez de informática.

Ejercicio propuesto 5.11.4

Visitar cuatro universidades y solicitar la lista de profesores a cargo de las materias de la carrera que se está pensando tomar. Tratar de averiguar algo sobre sus trayectorias profesionales y educativas. Comparar.

Ejercicio propuesto 5.11.5

Solicitar una entrevista al decano o responsable de una facultad y solicitarle lo indicado en el ejercicio propuesto 5.11.4.

Ejercicio propuesto 5.11.6

Solicitar una entrevista al decano o responsable de una facultad, entrevistarlo y solicitarle visitar los laboratorios de experimentación y preguntarle cuantos trabajos prácticos hacen los alumnos en cada materia.

Ejercicio propuesto 5.11.7

Solicitar una entrevista al decano o responsable de una facultad y solicitarle le informe sobre pasantías que deben realizar los alumnos.

REFERENCIAS BIBLIOGRAFICAS

Nota; En el transcurso del texto, cuando hacemos referencia a una fuente de información, la hemos dejado indicada por medio de un superíndice, en la siguiente forma: **x x** [nn].

1. Aldous Huxley, *"Un mundo feliz".* Ediciones del Caribe, Mexico D.F. 1947.
2. Paul H. Wright**,** *"Introducción a la ingeniería"*, Editorial Addison-Wesley Iberoamericana S.A., Wilmington, USA, 1994.
3. Francisco Aparicio Izquierdo y Rosa María Gonzalez Tirados, *"La calidad de la enseñanza superior y otros temas universitarios"*, Universidad Politécnica de Madrid, Instituto de Ciencias de la Educación, Madrid, 1994.
4. Pierre Levy, "*¿Qu´est que le virtuel?"*. La Découverte, Paris, 1995.
5. Pierre Levy, *"L´intellegence collective. Pour une anthropologie du cyberspace"*, La Découverte, Paris, 1994.
6. Gordon Davies & David Tinsley, *"Open and Distance Learning. Critical Success Factors"*, Proccedings International Conference, Ginebra, 10-12, october 1994.
7. Vittorio Orsi, *"Globalización y centrifugación"*, Editorial Universidad de Belgrano, Buenos Aires, 1997.
8. Vittorio Orsi, *"No a la complacencia"*. Editado por Banca Nazionale del Lavoro, Fundación Banco Boston y Boston University, Buenos Aires, 2000.
9. Enrique Daniel Sila, *Recopilación histórica de la enseñanza técnica en Argentina"*, revista "Propuestas" de la Universidad Nacional de La Matanza, Argentina, 1996.
10. Héctor Ruben Tomasini, *"Incógnitas del mundo en transición",* revista "Propuestas" de la Universidad Nacional de La Matanza, Argentina, 1996.
11. José Ortega y Gasset, *"Meditación de la Técnica"*, Revista de Occidente, Alianza Editorial, Madrid 1982.

12. José Ortega y Gasset, ***"Misión de la universidad"***, Revista de Occidente, Colección El Arquero, Madrid, 1976.
13. Aquiles Gay, ***"La tecnología, el ingeniero y la cultura"***, Ediciones TEC, Córdoba, Argentina, 1992.
14. George Orwell, ***"Mil novecientos ochenta y cuatro"***, Editorial Guillermo Kraft, Buenos Aires, 1951.
15. Julio Rey Pastor y Nicolás Drewes, ***"La técnica en la historia de la humanidad"***, Editorial Atlántida, Buenos Aires, 1957.
16. Georges Lamirand, ***"Le rôl social de l´ingénieur"***. Editorial Plon, Paris, 1954.
17. José Luis Romero, ***"Historia universal"***. Editorial Atlántida, Buenos Aires, 1950.
18. Consejo Profesional de Ingeniería Civil, ***"Ejercicio profesional de la ingeniería. Normas legales vigentes"***, Buenos Aires, 1995.
19. Olle Ingemar Elgerd, ***"Electric energy systems theory"***, McGraw-Hill Book Company, New York, 1982.
20. Héctor Delfor Mandrioni, ***"Pensar la técnica. Filosofía del hombre contemporáneo"***. Editorial Guadalupe, Buenos Aires, 1995.
21. Alain Touraine, ***"La globalización como ideología"***, artículo del diario La Nación , Buenos Aires, 22 de octubre de 1996.
22. Miguel Angel Punte, ***"Las dimensiones del rol laboral hoy como marco conceptual de la formación institucional"***, recopilación de apuntes para uso empresario, de autores diversos, 1995.
23. Bill Gates, ***"Camino al futuro"***, segunda edición, McGraw-Hill-Interamericana de España, S.A.U., 1996.
24. L´Ecóle Nationale Superieur d´Arts et Métiers, ***"Rapport d´évaluation"***, Comité National d´Evaluation, Paris, 1995.
25. Juan A. Pardo, ***"Reconocimiento y riqueza de los hombres"***, Ediciones Macchi, Buenos Aires, 1996.
26. Wolfgand Schadewaldt, ***"Humanidad y técnica"***, revista del Consejo Profesional de Ingeniería Mecánica y Electricista, Buenos Aires, 1998.
27. Ramón Soberón Kuri y Rodolfo Neri Vela, ***El ingeniero en electricidad y electrónica, ¿qué hace?***, Editorial Alhambra Mexicana S.A., México, 1980.
28. Alberto Plini Lucchini, ***Historia de la ingeniería argentina"***, editado por el Centro Argentino de Ingenieros, Buenos Aires, 1981.
29. Fabio Esteban Seleme, ***"El laberinto del ingenio"***, premio de la Academia Nacional de Educación, Buenos Aires, año 1997.

30. Boletín Nº 13, octubre 1994, ***Demanda de ingenieros***, Consejo Profesional de Ingeniería Industrial, Buenos Aires, Argentina.

31. Revista Políticas de la Ingeniería, ***Obra Yacyreta***, Centro Argentino de Ingenieros, año 3, Nº 6.

32. General Motors Interamerican Corporation, ***Manual de servicio,*** locomotora diesel-elétrica modelo G 22 CU.

33. Enrique Panseri, ***Resistencia de materiales***, Editorial Construcciones Sudamericanas, Buenos Aires.

34. Nicolás Besio Moreno, ***Historia de la enseñanza de la ingeniería,*** edición de la Facultad de Ingeniería de la Universidad de Buenos Aires, 1960.

35. Marcelo Antonio Sobrevila, ***La educación técnica argentina***, Academia Nacional de Educación, Buenos Aires, 1995.

36. Leonardo Peusner, ***Las máquinas del tiempo***, Librería y Editorial Alsina, Buenos Aires.

37. L.A.Facorro Ruiz, ***Hidráulica y máquinas hidrñaulicas"***, Ediciones Melior, Buenos Aires.

38. Enrique Fliess, ***Estabilidad***. Editorial Kapelusz, Buenos Aires.

39. Marcelo A. Sobrevila, ***Ingeniería de la energía eléctrica, libro VII***, Editorial Marymar, Buenos Aires.

40. Alejandro de Estrada, ***Termodinámica técnica***, Librería y Editorial Alsina, Buenos Aires.

41. Edwin C. Lowenberg, ***Electronics circuits***. Schaum Publishing, New York

42. Ralph J. Smith, ***Circuits, devices and systenas***, Editorial John Wiley & Sons, New York.

42. E. L. Rhead, ***Metalurgia***. Editorial Labor, Madrid.

43. Hernán Nottoli, ***Grafos***. Editorial de Belgrano. Buenos Aires, 1997.

44. Techint Argentina S.A. ***Boletin Techint***. Nº 289, 1997.

45. Techint Argentina S.A. ***Boletín Techint***. Nº 280, 1998.

46. Techint Argentina S.A. ***Boletín Techint***. Nº 282, 1996.

Otras obras del autor en formato e-book

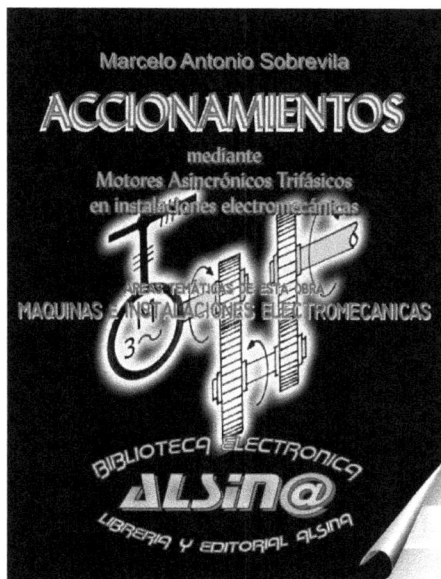

ACCIONAMIENTOS

mediante Motores
asincrónicos Trifásicos
en instalaciones
electromecánicas

I.S.B.N. 950-553-079-X

CORRIENTES
POLIARMONICAS

en circuitos
monofásicos y trifásicos
para energía
y electrónica

I.S.B.N. 950-553-078-1

Otras obras editadas del mismo autor:

Electrotecnia *Nivel Inicial*
I.S.B.N. 950-553-061-7

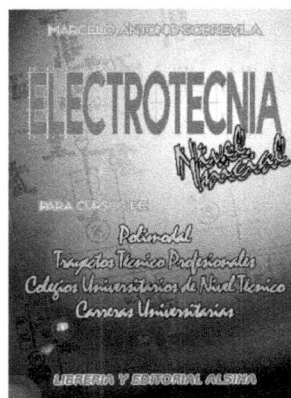

Instalaciones Eléctricas
I.S.B.N. 950-553-062-5

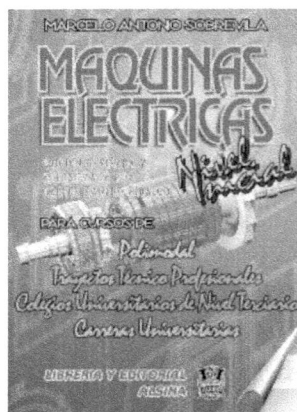

Máquinas Eléctricas *Nivel Inicial*
I.S.B.N. 950-553-073-0

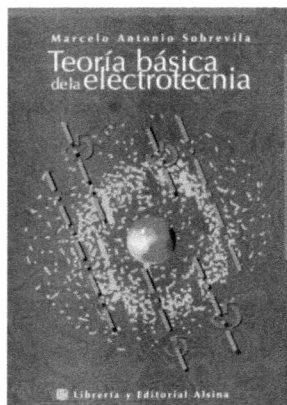

Teoría Básica de la Electrotecnia
I.S.B.N. 950-553-057-9

www.ingramcontent.com/pod-product-compliance
Lightning Source LLC
Chambersburg PA
CBHW071050280326
41928CB00050B/2156